AF287253

Liebe, Zeugung
und Schwangerschaft

Die geistige Galvanoplastik
und die Zukunft der Menschheit

Aus dem Französischen übersetzt
Originaltitel:
»La galvanoplastie spirituelle
et l'avenir de l'humanité«

© 1983, Éditions Prosveta S. A., France, ISBN 2-85566-254-0
Französische Originalausgabe

© 1984, Éditions Prosveta S. A., France, ISBN 2-85566-292-3
Deutsche Ausgabe:»Die geistige Galvanoplastik
und die Zukunft der Menschheit«

© 1989, Éditions Prosveta S. A., France, ISBN 2-85566-403-7

© 1999, Prosveta Verlag, Deutschland, ISBN 3-89515-042-8
Deutsche Ausgabe unter dem neuen Titel:»Liebe, Zeugung
und Schwangerschaft«

© 2011, Prosveta Verlag GmbH, Deutschland,
Heerstr. 55, 78628 Rottweil.
Alle Rechte für alle Länder vorbehalten. Jeder Nachdruck sowie
jede Bearbeitung, Darstellung, Bild-, Ton- oder sonstige Ausgabe
bedürfen der ausdrücklichen Genehmigung des Herausgebers.

ISBN 978-3-89515-042-5

Druck 2011: Interpress, Ungarn

Omraam Mikhaël Aïvanhov

Liebe, Zeugung und Schwangerschaft

Die geistige Galvanoplastik
und die Zukunft der Menschheit

Reihe Izvor – Band 214

PROSVETA  VERLAG

*Da Meister Omraam Mikhaël Aïvanhov
seine Lehre ausschließlich mündlich überlieferte,
wurden seine Bücher aus stenografischen
Mitschriften, Tonband- und Videoaufnahmen
seiner frei gehaltenen Vorträge erstellt.*

INHALT

I

DIE GEISTIGE GALVANOPLASTIK

»Was ihr auf Erden bindet, soll auch im Himmel gebunden sein, und was ihr auf Erden löst, soll auch im Himmel gelöst sein.«

Wie viele Christen haben diesen Vers im Evangelium gelesen, ohne seinen tieferen Sinn zu entdecken! Wie erklärt sich diese Entsprechung zwischen dem Himmel und der Erde? Himmel und Erde repräsentieren hier in Wirklichkeit die beiden Prinzipien, das männliche und das weibliche, die in der Welt wirken. Sie sind der positive und der negative Pol, und man findet sie in allen Phänomenen der Natur und des Lebens wieder. Zwischen diesen beiden Polen entsteht ein Kreislauf, ein ununterbrochener Austausch, und ein Austausch bedingt immer eine Entsprechung.

Im folgenden Vers sagt Jesus: »Wenn zwei unter euch eins werden auf Erden, worum sie bitten wollen, das soll ihnen widerfahren von meinem Vater im Himmel. Denn wo zwei oder drei in meinem Namen versammelt sind, da bin ich mitten unter ihnen.«

Die gesamte Schöpfung ist das Werk der beiden Prinzipien männlich und weiblich. Sie sind eine Widerspiegelung, eine Wiederholung der beiden großen kosmischen schöpferischen Prinzipien, die man Himmlischer Vater und Göttliche Mutter nannte. Der Himmlische Vater und die Göttliche Mutter sind selbst eine Polarisierung eines einzigen Prinzips, des Absoluten, Nicht-Manifestierten, das die Kabbala »Ain Soph Aur« nennt: grenzenloses Licht. Überall in der Natur sieht man nur diese beiden Prinzipien in unterschiedlichen Formen und Dimensionen.

So ist in der Familie zum Beispiel der Vater das männliche, die Mutter das weibliche Prinzip – und zwischen ihnen befindet sich das Kind. Es ist das sie vereinende Band. Im Menschen selbst ist der Verstand das männliche Prinzip, der Vater; das Herz ist das weibliche Prinzip, die Mutter. Und die Tat, die Handlung, ist das Kind. All unser Tun und Handeln ist das Ergebnis unserer Gedanken und Gefühle. Sind diese lichtvoll und gut, dann gehen als Folge der Weisheit unseres Verstandes und der Liebe unseres Herzens segensreiche Taten hervor. Die Macht eines Menschen ist das Ergebnis des richtigen Verhältnisses zwischen Weisheit und Liebe.

Jede Handlung ist das Kind von Verstand und Herz. Ihr werdet sagen, dass es sehr aktive Menschen gibt, bei denen Verstand und Herz nicht besonders weit entwickelt sind... Das stimmt, aber auch bei ihnen ist die Handlung das Kind von Herz und Verstand, allerdings ein Kind des Mangels an Herz und Verstand! Ob man nun überlegt und liebevoll oder leichtsinnig und gefühllos handelt, es entsteht immer eine Handlung, die die Frucht von Verstand und Herz ist. Das Wesen des Kindes hängt von dem Entwicklungsgrad der Eltern ab. Je nach der Beschaffenheit von Verstand und Herz sind die Taten sinnvoll oder dumm, gut oder böse. Es gibt also immer einen Vater und eine Mutter, das heißt Himmel und Erde.

Wenn ihr ein Samenkorn in die Erde legt, »bindet ihr etwas auf Erden«, denn zahlreiche Elemente im Boden werden zu seinem Wachstum beitragen. Aber auch im Himmel bindet ihr etwas. Sowie ihr einen Samen in den Boden einbringt, entsteht eine Verbindung zwischen Erde und Himmel. Der Regen wird ihn begießen, und die Sonne schickt ihm ihr Licht und ihre Wärme. Ihr pflanzt lediglich einen Samen oder einen Kern in die Erde, aber durch diese Handlung verpflichtet ihr den Himmel, zu seinem Wachstum beizutragen. Und was tun wir, wenn wir essen? Wir bringen einen Samen (die Nahrung) in die Erde (unseren Magen), und sofort schickt der Himmel (das Gehirn) Kräfte aus, um die aufgenommene

Nahrung in Energien, Gefühle und Gedanken zu verwandeln... Sobald der Magen Nahrung erhält, strömen ihm Kräfte aus dem gesamten Organismus zu, um sie zu verarbeiten.

Binden und lösen... Diese beiden Worte fassen die Tätigkeit von Herz und Verstand zusammen. Das Herz bindet, wohingegen der Verstand löst. Das Herz macht eine Synthese, es vereinigt, versammelt, bringt näher und stellt zu allem, was es liebt, eine Verbindung her, auch wenn es manchmal eine dumme Verbindung ist! Der Verstand dagegen analysiert, trennt und nimmt die Dinge auseinander. In unserer heutigen Zeit, wo er den ersten Platz einnimmt, zerstört er alles. Wir müssen uns also entschließen, dem Herzen wieder einen Platz zu verschaffen, denn es belebt, beseelt und vereinigt durch seine Wärme und zärtliche Liebe. Ihr dürft aus meinen Worten nicht schließen, dass der Verstand abgeschafft werden soll. Nein, er muss mit dem Herzen zusammen arbeiten. Und wie? Dazu möchte ich euch eine kleine Geschichte erzählen.

Es wurden einmal zwei Männer vor Gericht geführt und beschuldigt, über die Mauer eines Gartens hinweg Äpfel gestohlen zu haben. Alle sahen sie verwundert an, denn der eine hatte keine Beine und der andere war blind. Der erste sagte: »Verehrter Richter, Sie sehen, dass ich keine Beine habe, wie hätte ich also über eine Mauer hinweg Äpfel stehlen können?« Und der andere sagte: »Und ich, Herr Richter, habe keine Augen, ich konnte noch nicht einmal sehen, dass es überhaupt Äpfel zu stehlen gab!« Das Gericht war von ihrer Unschuld überzeugt und wollte sie bereits freisprechen, als ein etwas klügerer Richter rief: »Gewiss, jeder allein hat die Äpfel nicht stehlen können, aber wenn sich der Krüppel auf die Schultern des Blinden setzt, stellen sie gemeinsam einen vollständigen Menschen dar. Sie haben die Äpfel also gemeinsam gestohlen.«

Was stellen die beiden Diebe dar? Das Herz und den Verstand. Das Herz ist der Blinde. Jeder weiß, dass das Herz blind ist. Aber es kann gehen, ja sogar galoppieren. Alle Impulse, alle Wünsche entspringen dem Herzen, und das Herz kann uns überall hintragen. Der Verstand dagegen kann sehen und beobachten, aber er allein kann sich nicht fortbewegen. Das Herz muss ihn tragen. Wenn Herz und Verstand zusammen wirken, sind sie zu Außerordentlichem fähig: zu Wundern oder zu Verbrechen.

Die Aktivitäten von Herz und Verstand kann man in allen Bereichen studieren, im Bereich der Physik, der Mathematik, der Botanik, der Psychologie usw., und es ist ein endloses Studium; denn in Wirklichkeit handelt es sich stets um die Tätigkeit der beiden Prinzipien männlich und weiblich, die der Ursprung jeglicher Manifestation sind.

Einen Aspekt davon kann ich euch am Beispiel der Galvanoplastik verdeutlichen. Jeder hat schon von diesem Vorgang gehört, aber er wird immer nur rein physikalisch, äußerlich verstanden; niemand versucht, ihn zu interpretieren, um zu verstehen, welchen Vorgängen er in unserem Inneren entspricht. Zunächst möchte ich euch daran erinnern, worin dieses Phänomen besteht.

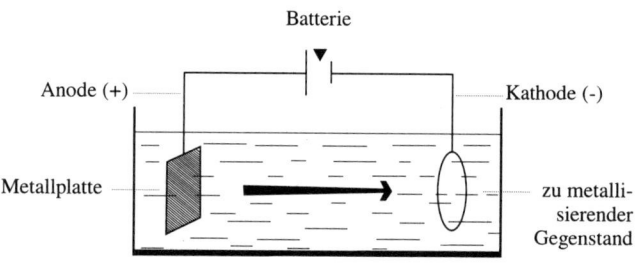

Man taucht zwei Elektroden in einen Behälter, der mit der Lösung eines Metallsalzes, entweder Gold, Silber, Kupfer usw. – gefüllt ist. Die Anode (der positive Pol) besteht aus einer Platte, die aus demselben Metall besteht wie das Metallsalz im Behälter. Die Kathode (der negative Pol) ist eine Gussform aus Guttapercha, die mit Graphit überzogen ist und eine Figur, eine Münze oder eine Medaille darstellt. Die beiden Elektroden werden mit einem Kabel an die Pole einer Batterie angeschlossen, dann wird Strom hindurch geschickt.

Das in der Lösung enthaltene Metall setzt sich an der Kathode ab, während die Anode sich auflöst und dadurch die Flüssigkeit regeneriert. Die Gussform wird allmählich von dem in der Lösung enthaltenen Metall überzogen, und man erhält je nach Wunsch eine vergoldete, versilberte oder verkupferte Medaille. Für diesen Versuch braucht man vier verschiedene Elemente:

- eine Batterie, weil sie den Strom erzeugt
- eine Lösung, in der sich die Elemente verteilen, die sich später auf der Kathode absetzen
- eine positive Elektrode, die Anode – sie besteht aus dem Metall, das das Bild überziehen soll
- eine negative Elektrode, die Kathode auf der sich das Bild befindet, das überzogen werden soll.

Es handelt sich um einen sehr einfachen Versuch, der aber in der Technik vielfältige Anwendung findet. Er ist besonders interessant, wenn man ihn auf den Menschen bezieht. Die Funktionen der einzelnen Elemente (Batterie, Lösung, Anode, Kathode) entsprechen den Funktionen von Geist, Seele, Verstand und Herz. Man kann in ihnen auch die vier Grundrechenarten wiederfinden: Das Herz addiert, der Intellekt subtrahiert, die Seele multipliziert und der Geist dividiert.

Ebenso addiert auch die Kathode. Sie nimmt die in der Lösung enthaltenen Elemente auf und bedeckt sich damit. Die Anode stellt die Subtraktion dar, denn die Metallplatte löst sich nach und nach auf. In der Lösung wird multipliziert. Die Ionen verwandeln sich in Atome, Moleküle und Elektronen. Die Batterie übernimmt das Dividieren, da sie ihre Energie verteilt, damit die anderen Elemente funktionieren können.

Aus der Sicht der Einweihungswissenschaft zeigt uns das Phänomen der Galvanoplastik, wie wir mit den Kräften des Lebens arbeiten sollen. Als erstes, indem wir in unserem Kopf – der Anode – Gedanken aus widerstandsfähiger, unzersetzbarer Substanz, aus kostbarem Gold hegen. Zweitens, indem wir in unserem Herzen – der Kathode – das Bild eines außergewöhnlichen Wesens oder eines hohen Ideales, das wir erreichen wollen, hegen. Drittens, indem wir uns mit unserem Geist – der Batterie – verbinden, der Gott in uns darstellt und von dem wir alle belebenden Kräfte erhalten. Jeden Tag gehen von ihm feinstoffliche Substanzen aus, die der Strom in unser ganzes Wesen trägt. Auf diese Weise entwickeln wir alle Eigenschaften, die der Schöpfer seit der Erschaffung der Welt in uns gelegt hat. Unter ihrem Einfluss ändern sich sogar Gesichtszüge und Körperform, bis wir eines Tages das Antlitz unseres Himmlischen Vaters besitzen. Diesen Vorgang nenne ich die geistige Galvanoplastik.

Das Phänomen der Galvanoplastik kann auch bei einer schwangeren Frau beobachtet werden. Wir werden später auf dieses Thema zurückkommen.*

Wir müssen uns täglich mit dem Himmel verbinden, um den Energiekreislauf zwischen ihm und uns wiederherzustellen. Wie...? Ganz einfach durch unsere Gedanken und unsere Liebe. Ich habe anfangs die Stelle aus dem Evangelium zitiert, wo Jesus sagt: »Wenn zwei unter euch eins werden auf Erden, worum sie bitten wollen, das soll ihnen widerfahren von meinem Vater im Himmel. Denn wo zwei oder drei versammelt sind in meinem Namen, da bin ich mitten unter ihnen.« Mit anderen Worten: Ich bin dort zugegen, wo das Licht des Verstandes, die Güte des Herzens und die Tatkraft des Willens vorhanden sind. Man muss also zwei oder drei miteinander verbinden. Es genügt, dass sich zwei verbinden, um das dritte hervorzubringen. Jesus sagte »zwei oder drei« und nicht »vier oder fünf«. Zwei bedeutet der Denkende und der Wünschende. Drei ist die Handlung, das Kind der beiden ersten. Um ein Ergebnis zu erzielen, genügt es, zu denken und zu fühlen, denn die Handlung – die Frucht von Denken und Fühlen – folgt unweigerlich.

Diese Stelle des Evangeliums darf nicht wörtlich verstanden werden. Wenn Jesus von »zwei oder drei« spricht, meint er damit nicht zwei oder

---

* Siehe Kapitel 10 in diesem Buch.

drei Personen. Wenn ihr allein in der Wüste seid und von ganzem Herzen zu Christus betet, wie sollte er dann nicht bei euch sein? Ihr seht, dass das Evangelium nicht immer wörtlich verstanden werden darf. Zwei oder drei bedeutet: Verstand, Herz und Wille.

Wenn ihr diese Stelle so versteht, wird Christus bei euch sein, sobald eure Gedanken und Gefühle die gleiche Richtung einnehmen, um etwas in Seinem Namen zu verwirklichen, ob ihr nun allein oder mit Hunderten von Menschen zusammen seid.

Die Galvanoplastik lehrt uns, dass es Gesetze gibt, die wir für unsere Weiterentwicklung verwenden können. Wählt also, wenn ihr mich richtig verstanden habt, das Bild eines vollkommenen Wesens oder ein hohes Ideal, legt es in euer Herz, meditiert darüber und kontempliert es voller Verehrung. So stellt ihr den geistigen Strom her, der dieses Bild mit den edelsten Stoffen nährt, die in eurer Seele gelöst sind. Wenn ihr euch auf diese Weise innerlich dem Bild oder dem hohen Ideal nähert, das ihr kontempliert habt, gebt ihr ihm mehr und mehr Gestalt in euch.

II

MANN UND FRAU,
ABBILD DES MÄNNLICHEN
UND WEIBLICHEN PRINZIPS

Im Universum gibt es zwei Grundprinzipien, die sich in allen Erscheinungsformen der Natur und des Lebens wiederfinden. Die gesamte Schöpfung ist das Werk des männlichen und des weiblichen Prinzips. Wenn sie fruchtbar sein wollen, müssen diese beiden Prinzipien gezwungenermaßen miteinander arbeiten, denn getrennt können sie nichts erzeugen. Deshalb suchen sie sich ständig gegenseitig. Nichts ist für ein Geschöpf wesentlicher, als die Begegnung mit seinem ergänzenden Prinzip. Man kann sagen, dass den größten Problemen der Männer und Frauen, die selbst auch eine Äußerung des männlichen und weiblichen Prinzips in der Welt sind, ein falsches Verständnis dieser Frage zugrunde liegt.

Bewusst oder unbewusst reagieren auf die Frage nach den beiden Prinzipien alle Geschöpfe gleich. Für alle hat sie absolute Wichtigkeit. Sobald ein Mann bei einer Frau das für ihn not-

wendige ergänzende Prinzip gefunden zu haben
glaubt, ist er bereit, alles aufzugeben. Selbst wenn
er ein König wäre, würde er sein Reich mit all seinen Untertanen, seiner Armee und seinen Schätzen für eine Frau aufgeben. Was hat diese Frau,
dass im Vergleich zu ihr in seinen Augen eine
ganze Nation mit Millionen von Untertanen ver-
blasst?... In Wirklichkeit sucht er gar nicht die
Frau selbst, sondern das ergänzende Prinzip, denn
nichts ist wichtiger. Für die Frau gilt das Gleiche.
Sie würde sich ihrer Familie und notfalls auch der
ganzen Welt widersetzen, um dem Mann zu folgen, den sie liebt. Hat sie Unrecht? Ganz und gar
nicht. Der Himmlische Vater und seine Gemahlin,
die Mutter Natur, haben dieses Gesetz in das Herz
der Menschen eingeschrieben: »Du wirst Vater
und Mutter verlassen und deiner Frau oder dei-
nem Mann anhangen.« Jedem Wesen ist es tief im
Inneren eingeprägt, dass es sein ergänzendes Prinzip suchen muss. Aber nicht alle sind sich dessen
immer bewusst, denn diese Suche kann die verschiedensten Formen annehmen, je nachdem auf
welchem Gebiet sie vorgenommen wird. Das kann
in Wissenschaft, Philosophie, Kunst oder Religion
der Fall sein.

Warum verliebt der Mann sich nur in eine
bestimmte Frau? Weil eben diese Frau etwas
Bestimmtem in ihm entspricht, und dieses Etwas
ist das Gegenstück seines eigenen Wesens. Der
Mensch ist polarisiert; und diese Polarität drängt

ihn, den anderen Teil seiner selbst in Frauen, in Männern und sogar im Herrn zu suchen. Auch wenn es von außen nicht so aussieht, er sucht immer seine andere Hälfte.

Ein Mystiker sagt, er suche Gott. In Wirklichkeit ist das, was er Gott nennt, nur sein Gegenstück, mit dem er sich vereinigen und verschmelzen will, um ein vollständiges, vollkommenes Wesen zu werden. Bis dahin fühlt er sich unvollkommen, verstümmelt. Alle Wesen suchen nur ihr ergänzendes Prinzip, um Fülle zu finden. Man nennt es in der Einweihungswissenschaft die »Schwesterseele«. Lediglich die Art und Weise wie sie es suchen ist unterschiedlich.

Jeder Mensch besitzt eine Schwesterseele. Als der Mensch wie eine Flamme, wie ein Funke aus dem Schoß des Schöpfers hervorging, war er zwei in einem, und diese beiden Hälften ergänzten sich vollkommen. Jeder war das genaue Gegenstück des anderen. Ja, ursprünglich war der Mensch gleichzeitig Mann und Frau, und dieses vollständige Wesen nannte man androgyn. Später haben sich im Laufe der Entwicklung der positive und der negative Pol dieser Einheit getrennt; so entstand die Geschlechtertrennung. Jede Hälfte hat ihren eigenen Weg eingeschlagen, um sich getrennt weiterzuentwickeln. Die beiden Hälften können sich im Laufe ihrer Entwicklung wiedererkennen, weil jeder das Bild des anderen tief in seinem Inneren trägt. Jede Hälfte hat der anderen ihr Siegel aufgedrückt. Jeder Mensch besitzt also innerlich das Bild seiner Schwesterseele. Es ist zwar sehr verschwommen, aber es ist vorhanden; deshalb kommt jeder mit der undeutlichen Hoffnung auf die Erde, irgendwo eine Seele zu treffen, die ihm alles gibt, was er braucht und hofft, dass zwischen ihr und ihm eine Harmonie, eine unbeschreibliche Verschmelzung stattfindet.

Ihr wisst dies, denn ihr alle habt nie aufgehört, daran zu glauben, dass ihr dieser geliebten Seele, deren Antlitz ihr kennt, begegnen würdet. Ihr tragt ihr Bild in euch, aber es ist so tief vergraben, dass ihr es nicht klar erkennen könnt. Mitunter, wenn ihr einem Mann oder einer Frau begegnet, sagt ihr euch: »Endlich, jetzt habe ich sie oder ihn gefunden.« Es ist, als wäre dieser Mensch plötzlich mit dem Bild verschmolzen, das ihr in euch tragt. Euer Leben ist wie verwandelt, und ihr setzt alles daran, ihn wiederzufinden. Jedes Mal, wenn ihr ihn trefft oder mit ihm sprecht, wird alles wunderbar, das Leben fließt in euch, und ihr macht in allen Bereichen Fortschritte. Nach einer Weile intimer Freundschaft entdeckt ihr jedoch, dass dieser Mensch nicht wirklich die ersehnte Seele war. Enttäuscht verlasst ihr ihn und macht euch wieder auf die Suche. Ein zweites Mal glaubt ihr, eure Schwesterseele in einem anderen Menschen gefunden zu haben und seid aufs Neue von Freude und Inspiration erfüllt; ihr seid wieder verliebt. Aber die gleiche Geschichte wiederholt sich, wieder merkt ihr, dass dies nicht das gesuchte Wesen war. Das gilt sowohl für Männer als auch für Frauen, es gibt keine Ausnahme. Eines Tages müssen diese beiden Prinzipien jedoch tatsächlich zusammenkommen, denn ihre Liebe zueinander ist stärker als alles andere.

Zwei Schwesterseelen bedeuten einander alles, kein anderes Geschöpf auf Erden kann ihnen die gleiche Fülle bringen. Also haben alle Partner, die ihr seit dem Beginn eurer zahlreichen Inkarnationen hattet – Ehemänner oder Frauen, Freundinnen oder Liebhaber – euch verlassen, weil sie nicht für euch bestimmt waren. Ihr habt vielleicht eine Zeit lang zusammengelebt, aber wie ein Topf und ein Deckel, die nicht zusammenpassen. Dagegen sind zwei Seelen, die Gott zusammen erschaffen hat, absolut füreinander gemacht. Nichts kann sie trennen, ja, sie befürchten diese Trennung nicht einmal. Wenn bei einem Ehepaar der eine oder andere Teil befürchtet, dass der Partner verführt wird (was übrigens nicht verhindert werden kann!), ist dieser Partner nicht der wahre Geliebte, nicht die Schwesterseele. Eine Frau liebt einen Mann, aber er macht sich mit einer anderen davon; ein Mann liebt eine Frau, aber sie verlässt ihn... Die Schwesterseelen dagegen erkennen sich mit absoluter Sicherheit und können sich nicht mehr verlassen.

Während all seiner irdischen Inkarnationen begegnet der Mensch seiner Schwesterseele zwölfmal. Aber meistens hat diese Begegnung den Tod zur Folge, denn die Lebensbedingungen auf der Erde widersetzen sich der Verwirklichung einer so vollkommenen, so absoluten Liebe.

Versteht mich jetzt aber nicht falsch, nur weil ihr eben erfahren habt, dass euer Mann oder eure Frau sicherlich nicht eure Schwesterseele ist, habt ihr nicht das Recht, ihn oder sie zu verlassen. Im Gegenteil, denkt in diesem Fall, dass ihr so etwas wie zwei Partner seid, die eine gemeinsame Arbeit zu erledigen haben, und dass ihr bis zu dem Tag, wo der Tod euch scheidet, gut miteinander auskommen müsst.

Aus philosophischer Sicht kann man sagen, dass unsere Schwesterseele wir selbst sind, der andere Pol unserer selbst. Wenn wir unten sind, ist der andere Pol oben und kommuniziert mit dem Himmel, mit den Engeln, mit Gott, in Vollkommenheit und Fülle. Deshalb lehrte man die Schüler in allen Einweihungen, wie sie sich mit diesem anderen Pol vereinigen konnten. In Indien gibt der Jnani-Yoga dem Yogi Methoden an die Hand, durch die er mit seinem höheren Ich eins werden kann. Denn indem er sich mit seinem höheren Ich vereinigt, vereinigt er sich mit Gott selbst.

In Griechenland wird die gleiche Idee durch den Satz ausgedrückt, der auf der Giebelwand des Tempels von Delphi geschrieben steht: »Erkenne dich selbst!« Natürlich bezieht sich dieses Erkennen nicht auf den guten oder schlechten Charak-

ter, auf gute oder schlechte Eigenschaften. Nein,
das wäre zu einfach. In der Genesis heißt es: »Und
Adam erkannte Eva« oder »Abraham erkannte
Sarah«. Das wahre Erkennen ist die Verschmel-
zung der beiden Prinzipien. »Erkenne dich selbst«
bedeutet: Finde den anderen Pol in dir und du wirst
göttlich. Wenn ihr ein Mann seid, ist der andere
Pol eine Frau, und ihr werdet sie erkennen, wie ein
Liebender seine Geliebte erkennt. Natürlich nicht
ganz genauso, denn diese Verschmelzung, dieses
Erkennen vollzieht sich nicht auf der physischen
Ebene, sondern in den feinstofflichen Sphären des
Lichts. Wenn ihr in dieses Licht eintretet, werdet
ihr eins mit euch selbst.

In den Evangelien findet man die gleiche Wei-
sung etwas anders ausgedrückt: »Du sollst Gott,
deinen Herrn lieben von ganzem Herzen, von gan-
zer Seele, von ganzem Gemüt und mit all deiner
Kraft«. Dies besagt indirekt, dass man sich nur
durch sein höheres Selbst innig mit dem Herrn
verbinden kann. Das gleiche meinte auch Christus, als er sagte: »Niemand kommt zum Vater
denn durch mich.« Christus ist das Symbol für
den Sohn Gottes, der in jeder Seele, einem Funken gleich, verborgen ist. Wenn der Mensch sich
mit seiner höheren Seele verbindet, verbindet er
sich mit dem Christus-Prinzip, das überall in allen
Seelen gegenwärtig ist und wird dadurch mit Gott
verbunden. Ihr könnt nur durch euer höheres Ich
zu Gott finden, denn dieses höhere Ich enthält

alles und stellt das Beste und Reinste in euch dar. Deshalb zeigen alle spirituellen Lehren, wie man sich in Gedanken von der körperlichen, materiellen Welt entfernen kann, um sich bis zur erhabenen Welt der Göttlichkeit, dem Prinzip unserer höheren Seele zu erheben. Und weil immer eine Polarität vorhanden ist, entsteht so eine Affinität, eine Sympathie, eine Verbindung mit dem ergänzenden Prinzip, denn das Männliche wird immer vom Weiblichen und das Weibliche immer vom Männlichen angezogen.

Da jeder Mensch das andere Prinzip in sich trägt, kann er auch nur durch das andere Prinzip zu Gott finden. Deshalb findet die Frau Gott durch den Mann, weil der Mann das andere Prinzip repräsentiert und dieses Prinzip sie mit dem Himmlischen Vater verbindet. Ebenso kann der Mann die Göttlichkeit nur durch das weibliche Prinzip finden, sei es nun durch eine Frau, die Natur (sie ist ein weibliches Prinzip) oder die Göttliche Mutter. Ohne das weibliche Prinzip gibt es keinen Anreiz, keine Inspiration, keine Arbeit, nichts. Und ohne die Gegenwart des männlichen Prinzips bleibt das weibliche formlos, unbeweglich, unfruchtbar. Beobachtet einmal wie die Natur die Dinge eingerichtet hat, und ihr werdet sehen, wie die Sonne, die das männliche Prinzip darstellt, Licht und Wärme ausstrahlt und alles belebt.

Jeder von euch sucht seine Schwesterseele. Aber ihr müsst wissen, dass es in der Einweihungswissenschaft heißt, dass man im Äußeren nichts finden kann, was man nicht bereits im Inneren gefunden hat. Denn selbst wenn ihr außen auf etwas stoßt, das ihr vorher nicht schon im Inneren erkannt habt, geht ihr daran vorbei, ohne es zu sehen. Je mehr ihr die Schönheit im Inneren wahrnehmt, desto mehr entdeckt ihr sie äußerlich auf der physischen Ebene. Vielleicht denkt ihr, dass ihr sie vorher nicht gesehen habt, weil sie nicht existierte... Doch, sie war da, aber sie blieb für euch unsichtbar, weil etwas in eurem Inneren noch nicht erwacht und entwickelt war. Aber nun, wo ihr sie innerlich gesehen habt, seht ihr sie auch außen, denn die Außenwelt ist nur ein Widerschein der Innenwelt. Sucht nichts im Äußeren, wenn ihr euch vorher nicht schon darum bemüht habt, es im Inneren zu finden. Wenn ihr in euren Meditationen und Kontemplationen eure Schwesterseele innerlich gesehen und gefunden habt, dann werdet ihr sie überall auf der ganzen Welt, in Gesichtern, Seen, Bergen, Pflanzen und Vögeln wiederfinden und ihre Stimme hören.

Es ist sehr wichtig, dass Liebende diese Wahrheit kennen, denn sonst wird aus ihrer Verbindung, aus ihrer Ehe eine Katastrophe. Wenn der Mann in sich das weibliche Prinzip und die Frau in sich das männliche Prinzip gefunden hat, wenn sie diesem Prinzip dienen und für es arbeiten wollen, ja dann sollen sie sich lieben und heiraten, denn dann ist ihre Liebe eine Quelle des Segens. Deshalb soll die Frau durch den geliebten Mann hindurch den Himmlischen Vater sehen, denn symbolisch gesehen ist der Mann der Vertreter Gottes auf Erden. Und er soll in der geliebten Frau die Göttliche Mutter sehen und diese Göttliche Mutter lieben, bewundernd betrachten und Ihr dienen. Unter dieser Bedingung werden alle Schätze offen vor ihnen ausgebreitet. Sie leben Tag und Nacht in Verzückung, Ekstase und Schönheit. Im anderen Fall sind sie enttäuscht, leiden und fangen an, mit Abscheu über den Mann oder die Frau zu sprechen, ganz einfach deshalb, weil das, was sie voneinander kennen, weder ihre Seele noch ihr Geist ist, sondern nur Fetzen, abgetragene, zerschlissene Kleider sind... Das geschieht denen, die nichts von diesen Wahrheiten wissen wollten; sie haben die Einweihungsschule verlassen, wollten nichts lernen und brechen sich nun den Hals. Wenn der Mensch vor dem Licht flieht, das ihm die Augen öffnen und seinen Weg erhellen kann, dann straft er sich selbst.

III

DIE EHE

I

Lange bevor die Menschen die Ehe einführten, existierte sie bereits in der Natur. Denn die Ehe ist zunächst ein kosmisches Phänomen, das in der feinstofflichen Welt zwischen dem Himmlischen Vater und Seiner Gemahlin, der Göttlichen Mutter, gefeiert wird. Daher drängt es die Menschen, die nach dem Bilde Gottes geschaffen sind, von Natur aus dazu, diesen kosmischen Vorgang zu wiederholen und sie suchen alle ein anderes Wesen, um sich mit ihm zu vereinigen. Aber die Christen haben das noch nicht begriffen, für sie ist der Himmlische Vater nicht verheiratet. Er hat zwar einen Sohn, aber Er ist Junggeselle!

Alle anderen Religionen, außer dem Christentum, akzeptieren, dass der Herr eine Gemahlin hat. Die Frage ist nur, ob dieses Christentum die wahre Lehre Christi aufrechterhalten hat. Der

Kabbala zufolge hat der Herr eine Gemahlin, She-kina, die nichts anderes als die aus Ihm hervor-gegangene Essenz ist, an der Er wirkt, um neue Welten zu erschaffen. Die Christen glauben, es erniedrige den Herrn, wenn man sagt, dass auch Er verheiratet ist. Warum hat Er es dann den Men-schen erlaubt? Woher hätten sie denn sonst die Idee von der Ehe? »Alles was unten ist, ist wie das, was oben ist«, sagte Hermes Trismegistos, was bedeutet, dass das was unten bei den Men-schen ist, so ist wie das, was oben im Himmel ist. Alle unsere Äußerungsformen haben ihr Vorbild oben in der göttlichen Welt. Natürlich weiß keiner, was Gott ist. Er ist das Absolute, das Nicht-Mani-festierte, Er hat weder Körper noch Aussehen. Als Er sich jedoch manifestieren und sich in der objek-tiven Welt ausdrücken wollte, hat Er sich polari-siert, und dank dieser doppelten Polarität von Geist (Gemahl) und der Materie (Gemahlin) konnte Er schöpferisch werden: Die beiden Pole wirkten auf-einander ein, und aus all diesem Wirken entstand die Welt und das ganze Universum. Geist und Materie sind scheinbar völlig unterschiedlich, in Wirklichkeit aber sind sie ein und dasselbe, nur durch das Phänomen der Polarisierung erscheinen sie unterschiedlich und sogar gegensätzlich.

Die wahre Ehe vollzieht sich also zwischen Geist und Materie, und aus ihr geht die gesamte Schöpfung hervor. Diese Ehe existiert in jedem Atom, und wenn man hier durch Kernspaltung

den »Mann« von der »Frau« trennt, vernichtet
diese Spaltung alles. Solange sie »verheiratet«
sind, leben sie schöpferisch und in Frieden, wenn
man sie aber gewaltsam voneinander trennt, verursachen sie Explosionen. Wenn der Geist nicht mit
der Materie vereint wäre, bliebe die Materie formlos. Der Geist gibt ihr Form und Gestalt. Und da
alles sich genau widerspiegelt, beobachtet man das
gleiche Phänomen zwischen Mann und Frau. Der
Mann formt die Frau. Dieser Vorgang wiederholt
sich überall in der gesamten Schöpfung, angefan-
gen beim Atom bis zur Arbeit des Bäckers, der den
Teig knetet.

Bei den Millionen unterschiedlicher Formen
handelt es sich doch immer um die Ehe zwischen Geist und Materie. Wenn man daher von
»reinem Geist« spricht, ist dies nur eine Redewen-
dung, denn ein reiner Geist kann auf der Ebene
des Offenbarten, der Polarität nicht existieren, er
würde in den kosmischen Ozean zurückkehren
und mit ihm verschmelzen. Um sich manifestieren
zu können, braucht er einen Körper, ein »Vehi-
kel«. Je erhabener der sich offenbarende Geist ist,
desto zarter, feinstofflicher und lichtvoller ist sein
Körper, sein »Fahrzeug«, seine stoffliche Hülle,
bis die beiden schließlich fast miteinander verschmelzen. Trotzdem bleiben Geist und Materie
stets zwei verschiedene Pole, denn sonst wäre jeg-
liche Manifestation unmöglich. Der Geist würde

zu seiner Quelle zurückkehren und die Materie
bliebe lebloser Staub.

Der Geist ist ein feinstoffliches, ungreifbares
Prinzip; man kann ihn mit einem Parfüm verglei-
chen, das so flüchtig ist, dass es verfliegt, verdun-
stet, wenn es nicht in einer Flasche eingeschlossen
ist. Natürlich ist die Ehe zwischen Geist und Materie mit einem Opfer verbunden: Der Geist akzeptiert die Begrenzung, um die Materie zu beleben,
und die Materie akzeptiert die Unterwerfung, um
ihm Kinder zu schenken.

Die wahre Ehe ist in Wirklichkeit also für
jeden von uns das Einswerden unseres Geistes
mit unserem physischen Körper. Unser physischer
Körper ist unsere Frau, und mit ihrer Hilfe können wir, oder besser gesagt, kann unser Geist mit
der Außenwelt in Kontakt treten und auf Erden
wirken, schaffen, sich offenbaren und sich auf die
verschiedensten Weisen ausdrücken. Die wahre
Scheidung ist der Tod, das heißt der Augenblick,
in dem Geist und Materie sich voneinander trennen. Ich würde euch gerne die ganze Tragweite
und Subtilität dieses Problems aufzeigen, aber ich
weiß nicht, ob ihr mir folgen könntet.

Diese erste Ehe mit dem Körper bedeutet für
den Geist bereits eine beträchtliche Begrenzung.
Wenn man sich nun zusätzlich noch entscheidet,
im Äußeren einen Mann oder eine Frau zu nehmen, beschränkt diese zweite Ehe den Geist noch
mehr in seiner Freiheit, denn man muss auf alle

Wünsche des Ehepartners eingehen, um ihm zu gefallen und ihn zufrieden zu stellen, und dieses Entgegenkommen schwächt den Geist. Außerdem protestiert die erste Frau (der physische Körper) und sagt: »Du brichst die Ehe, du bist mir untreu!«, und dies hat oft alle möglichen Störungen zur Folge, deren schwerwiegende Bedeutung bislang noch niemand erkannt hat.

Aber erzählt einmal den Menschen, dass wir Geist sind, und dass unser physischer Körper unsere Frau ist! Sie werden diese Vorstellung nie akzeptieren wollen. Trotzdem entspricht sie der Wahrheit, und es gibt gerade deswegen so viele Probleme zwischen den Paaren, weil alle Ehen in Wirklichkeit Ehebrüche sind. Man heiratet jemanden außerhalb seiner selbst, der nicht richtig passt, während die wahre, einzig legitime Ehe die Vereinigung zwischen unserem Geist und unserem Körper ist.

Wer sich dieser Realität bewusst ist, heiratet lieber nicht. Da sein Geist bereits durch die erste Frau begrenzt ist, hat er keine Lust, sich eine zweite Last aufzubürden. Er weiß, dass er mit einer zweiten Ehe viele Gesetze übertreten und untreu sein müsste, das heißt, er müsste seiner zweiten Frau all die Energien geben, die er für die erste hätte aufbewahren sollen; folglich ist die erste Frau gefährdet, wird schwächer, revoltiert und verweigert ihm den Dienst. Aus diesem Grund haben alle großen Geister, die eine einzigartige, großartige Arbeit verrichten und frei sein wollten, um Tausenden von Menschen Gutes zu tun – anstatt nur einer Person (die außerdem sowieso nie dafür dankbar ist und immer etwas zu schimpfen und auszusetzen hat, egal was man für sie tut) – sich stets entschlossen, ihre Zeit, ihre Kräfte und ihre guten Eigenschaften für sich zu behalten, um sie ihrer eigenen »Frau« zu widmen, die dadurch gesünder, schöner, aktiver, beweglicher, lebendiger, ausdrucksvoller und intelligenter wird.

Dies ist jedoch kein Grund, der »zweiten Frau« gegenüber böswillig zu sein oder sie davonzujagen. Nein, wenn ihr bereits verheiratet seid, wenn ihr bereits »ja« gesagt habt, habt ihr ein Versprechen gegeben, das ihr bis zum Ende halten müsst. Ohne schwerwiegenden Grund trennt man sich nicht von seiner Frau oder seinem Mann... sonst trifft man sie in einem späteren Leben wieder, und dann wird es noch schlimmer! Gewiss, man soll lernen, sich zu befreien, aber nicht indem man seine Verantwortlichkeiten abwälzt.

Es erstaunt euch zu hören, dass ihr alle schon verheiratet seid... sogar die Ledigen? Ja, wir alle haben unserer Frau, dem Körper gegenüber Verpflichtungen; wir müssen ihn pflegen, ernähren, erziehen und darauf achten, dass er immer sauber und gesund ist, denn wenn wir ihn vernachlässigen, hat das schlimme Folgen. Ich bin absolut sicher, dass dies etwas Neues für euch ist und ihr die Frage noch nie aus dieser Sicht betrachtet habt. Wenn ein Mensch raucht, denkt er dann an seine leidende Frau? Sie ruft ihm zu, wie unglücklich sie ist, aber er quält sie weiterhin mit seinem Qualm. Und wenn er sich betrinkt, denkt er daran, dass er seiner eigenen Frau schadet?... Wie viele haben denn schon verstanden, dass sie aus ihrem Körper ein Werkzeug für die Allmacht des Geistes machen sollten?

Ich habe den Eindruck, dass ihr beim Zuhören immer mehr spürt, wie sich etwas in euch klärt und die Dinge verständlicher werden. Intellektuell seid ihr vielleicht ein wenig verwirrt und tappt im Nebel, ihr könnt nicht alles verstehen, aber ihr fühlt, dass etwas Wesentliches, das euch nicht täuscht, in eurem tiefsten Innern Form annimmt. Es mag sein, dass ich euren Verstand nicht befriedigen kann, aber ihr fühlt, dass ihr auf dem Weg der Wahrheit seid, und jetzt nur noch weiterzugehen und zu arbeiten braucht. Meine Aufgabe besteht nicht so sehr darin, euren Verstand mit Wissen zu füttern, sondern eher darin, euch etwas zu geben, mit dem ihr einige grundlegende Wahrheiten fühlen, leben und kosten könnt.

II

Die Natur legte in jedes Wesen den Instinkt, die Einsamkeit als etwas Niederdrückendes, etwas Schreckliches zu meiden. Das ist gut und normal, aber man muss die beste Methode kennen lernen, um der Einsamkeit zu entkommen. Es gibt so viele Männer und Frauen, die dieses Problem nicht gelöst haben! Sie hätten gern einen Partner, mit dem sie im Duett singen könnten, aber sie finden ihn nicht und sind deshalb unglücklich.

Seht nur einmal wie eine Frau reagiert, wenn ihr Mann sie verlassen hat: Anstatt die gute Seite der neuen Situation zu sehen und sich zu sagen, dass sie nun endlich frei ist, weint und jammert sie und opfert der Heiligen Jungfrau (wenn sie daran glaubt) Kerzen, damit diese ihr den Mann wieder zurückbringt. Warum freut sie sich nicht über diese Freiheit und denkt an all das, was sie schon lange tun wollte und jetzt endlich verwirklichen kann? Aber nein, sie macht sich selbst so krank, dass sie ins Krankenhaus muss, ganz einfach weil sie Liebe braucht. Aber welche Art Liebe hat dieser arme Schlucker ihr geben können? Er hatte keine und konnte ihr auch keine geben. Der Beweis ist, dass er sie ja selbst woanders suchen gegangen ist. Überlegt einmal: Wie soll ein Armer euch reich machen? Bei einem Mann, der einer Frau das Glück verspricht, ist es dasselbe. Er selbst ist unglücklich und weiß nicht, was das Glück überhaupt ist, und trotzdem will er sie glücklich machen? Wenn das so einfach wäre!... Er denkt zweifellos es genüge, mit ihr ins Bett zu gehen, um ihr das Glück zu bringen. Er gibt ihr eher seine Krankheiten, seine Laster und seine schlechten Angewohnheiten, aber nicht das Glück.

Die Natur hat die Menschen so geschaffen, dass alle Zuneigung, Zärtlichkeit und einen Austausch brauchen. Dies ist ein allgemeines Bedürfnis, das niemand anzweifeln oder bestreiten kann. Ihr müsst jedoch wissen, dass ihr eure Freiheit verliert, wenn ihr die körperliche, greifbare Ausdrucksform der Liebe sucht und von demjenigen abhängig seid, der euch diese Art von Liebe geben soll. Dies hat viel Kummer und Enttäuschungen zur Folge. Denn es hängt nicht alles von euch ab. Um dem Partner zu gefallen, müsst ihr manche Zugeständnisse machen und

Opfer bringen, die ihr oft lieber nicht hättet bringen sollen.

Nehmen wir den Fall eines jungen Mädchens. Sie braucht Zuneigung. Gut, und schon wählt sie sich schnell einen jungen Mann, der ihr gefällt und heiratet ihn, ohne weiter zu überlegen und seine Charaktereigenschaften eingehender zu prüfen. Um ihr Bedürfnis zu befriedigen, muss sie nun auch alles andere an ihm akzeptieren: seinen Charakter, seine Gedanken und Gefühle, die vielleicht grob sind und mit denen sie nicht immer einverstanden ist. Gewiss, er gibt ihr etwas, aber dafür muss sie alles andere ertragen. So ergeht es allen jungen Männern und Frauen: Für ein paar Gefühle, für ein kleines bisschen Freude und Glück, müssen sie alle möglichen Unannehmlichkeiten ertragen. Dann beklagen sie sich ihr ganzes Leben, sind unglücklich und wissen weder ein noch aus, und mitunter überschreiten sie sogar viele Gesetze, um ihrer Situation zu entkommen. Ja, das ist die traurige Wahrheit! Für eine kleine Befriedigung stürzen sich alle in unlösbare Komplikationen. Sie verspüren ein Verlangen, und für dieses Verlangen opfern sie alles andere. Weil man ein paar Krümelchen braucht, muss man alle Unreinheiten und Deformationen desjenigen ertragen, von dem man diese Krumen bekommen will!

Deshalb gebe ich der Jugend folgenden Rat: Habt es nicht so eilig, vergeudet euer Leben nicht mit dem ersten Besten. Befasst euch mit diesem

Thema und versucht klar zu sehen. Vor allem aber findet heraus, ob der andere wirklich vorbereitet ist, mit euch gemeinsam eine Aufgabe zu erfüllen und denselben Weg zu gehen, denn sonst würdet ihr euch ein Leben lang gegenseitig zerstören. Prüft genau, ob ihr auf den drei Ebenen – der physischen, der gefühlsmäßigen und der intellektuellen – vollkommen harmoniert, oder ob ihr nur der körperlichen Anziehung nachgebt. Wenn ihr in wichtigen Punkten verschiedener Ansicht seid, sagt nicht: »Ach, das ist nicht so wichtig, mit der Zeit werden wir uns schon verstehen, alles wird sich finden.« Nein, das Gegenteil ist der Fall. Wenn ihr nach einer Weile gewisser Vergnügen überdrüssig seid und auch die Gefühle abgestumpft sind, merkt ihr, dass eure Ansichten, eure Ziele und euer Geschmack zu unterschiedlich sind, und es kommt zu Streitigkeiten, Zerwürfnissen und Trennungen. Das Einvernehmen in Fragen der Ansichten und des Geschmacks ist sehr wichtig; körperliche Anziehung und ein wenig Liebe genügen nicht. Da ist man schnell gesättigt und überdrüssig. Wenn es außerdem mit dem Verstand nicht weit her ist und man kein interessantes und ständig neues Gespräch führen kann, langweilen die Verliebten sich schließlich, wenn sie zusammen sind.

Es gibt Menschen, die sich nicht körperlich lieben und sich trotzdem sehr gern haben, weil sie sich immer tausend Dinge zu sagen, zu erklären und zu erzählen haben. Das ist wunderbar! Es wäre ideal, wenn auf allen drei Ebenen ein Einverständnis bestünde. Erstens, dass beide körperlich eine gewisse Anziehung füreinander fühlen. Zweitens ist ein Einvernehmen nötig was die Gefühle und den Geschmack betrifft, denn wenn der eine Lärm mag und der andere die Stille, wenn der eine gerne liest und der andere lieber tanzt, wenn der eine ständig ausgehen und der andere zu Hause bleiben will, führt dies unweigerlich zu Konflikten. Und dass sie drittens schließlich – und das ist das Wichtigste – viele gemeinsame Ansichten, Ziele und Ideale haben. Wenn in diesen drei Bereichen Harmonie herrscht, gibt es nichts Schöneres und Wunderbareres als die Verbindung dieser beiden Wesen, weil sie zu einer unerschöpflichen Quelle der Freude, des Glücks und des Verständnisses wird.

Leider fehlen den jungen Leuten diese Maßstäbe. Sie sind zu leichtfertig, haben es zu eilig und glauben in einer Zufallsbekanntschaft einen Partner zu finden. Stellt euch einen Sack voller Schlangen, Eidechsen, Tauben, Krokodile, Mäuse usw. vor. Ihr sagt: »Ich will mit der Hand hineingreifen und werde sicher eine Taube herausholen.« Ihr fasst blindlings in den Sack, und eine Viper beißt euch. Es wäre naiv zu glauben, dass man zufällig und ohne hinzusehen ein Täubchen oder ein Eichhörnchen erwischt. Die Menschen bilden sich ein, dass die Vorsehung immer die Blinden bevorzugt, um ihnen zu helfen und sie zu retten. Nein, ganz und gar nicht. Sobald die Vorsehung von weitem einen Blinden sieht, nimmt sie ihre Beine in die Hand, läuft davon und überlässt ihn dem Schicksal; ihr wisst, dass das Schicksal gerne die Leute zum Weinen bringt. Wenn die Vorsehung jedoch zwei Menschen sieht, die ihre Augen aufmachen, sagt sie: »Aha, das gefällt mir, den beiden will ich helfen!« Das Seltsamste ist, dass manche »Blinde«, die schon einmal von einer Viper gebissen wurden, die gleiche Viper wieder aufsuchen, um ein zweites Mal gebissen zu werden. Ich habe sehr hartnäckige Frauen gesehen, die sagten: »Ich will es noch einmal mit dem gleichen Mann versuchen, vielleicht bessert er sich.« Aber habt ihr schon einmal gesehen, dass eine Viper oder ein Krokodil sich gebessert haben?

Die körperliche Anziehung ist natürlich wichtig, aber sie ist nicht das Wesentliche. Wie oft sieht man Liebespaare, die sich zuerst aus Liebe gegenseitig fast verschlingen und sich kurze Zeit später hassen, dabei haben sie sich körperlich nicht verändert... Ein junger Mann heiratet zum Beispiel ein sehr hübsches Mädchen; sie ist reizend in jeder Hinsicht, und er verliert darüber den Kopf. Aber nach einiger Zeit bemerkt er, dass sie leichtfertig, untreu, launisch und dumm ist. Er liebt sie immer weniger und ist derart von ihrem schlechten Inneren angewidert, dass sogar ihre Schönheit ihm nichts mehr bedeutet.

Es gibt allerdings auch das Gegenteil. Ein junger Mann lernt ein nicht besonders hübsches Mädchen kennen. Doch nach einiger Zeit ist er von ihrer Weisheit, ihrer Güte, ihrer Geduld und ihrer Opferbereitschaft so begeistert, dass all das ihn mehr und mehr für sie einnimmt und alle anderen Mädchen im Vergleich zu ihr verblassen, obgleich er sich von ihr zunächst nicht angezogen fühlte. Im Inneren ist sie wunderbar, sie ist treu, beständig, ehrlich und immer da, um ihn zu trösten, seine Wunden zu verbinden und ihm zu raten. Er achtet also nicht mehr auf die körperliche Erscheinung, er verehrt sie, und wenn er sie seinen Freunden vorstellt, mögen diese ihn vielleicht bedauern oder kritisieren, ein anscheinend so durchschnittliches Mädchen gefunden zu haben. Aber er denkt bei sich: »Ach, die Armen, sie haben keine Ahnung, was für ein Schatz meine Frau ist!«

Viele Männer heiraten eine elegante Frau, um sie in der Öffentlichkeit vorzuzeigen und bewundert zu werden. Jeder beglückwünscht diese Männer, aber keiner weiß, dass sie eine Teufelin geheiratet haben, die sie Tag und Nacht quält und schmoren lässt. Sie ist eben eine hübsche Verzierung, die sie stolz ausführen, um beneidet zu werden. Sie leiden, aber das macht nichts, sie gehen in die Oper, zu Veranstaltungen und Empfängen, um ihre Frau zur Schau zu stellen. Seht ihr, sie wollten nur ein Schmuckstück... aber dieses Schmuckstück kommt sie teuer zu stehen.

Ich rate also den heiratslustigen Jungen und Mädchen, keine überstürzten Entscheidungen zu treffen, sondern erst einmal die Gesetze der Liebe zu studieren. Wenn sie gelernt haben, wie man liebt und wissen, wie sie sich vorbereiten sollten, um Kinder zu bekommen und diese zu erziehen, dann können sie sich entscheiden. Wenn sie jedoch alles übereilen, werden die Ärmsten später, wenn die Kinder da sind und Schwierigkeiten und Krankheiten sich einstellen, anfangen zu jammern. Dann werden sie die Fassung verlieren, Ärzte aufsuchen und Bücher lesen, um sich zu unterrichten, während sie sich vorher amüsierten und sagten: »Ach, wir haben Zeit, später finden wir uns schon irgendwie zurecht!« Nein, man muss sich vorher informieren.

Es ist besser, nichts zu überstürzen. Ihr sagt: »Aber bald sind wir alt!« Man soll lieber heiraten, wenn man alt ist, aber die richtige Wahl treffen. Warum sollte man sich beeilen? Will man durch Kummer schneller alt werden? Ich habe manche Frauen drei oder vier Jahre nach ihrer Eheschließung gesehen. Kummer und Sorgen hatten sie so alt gemacht, dass ich sie nicht wiedererkannte. Wenn ihr dagegen den Märchenprinzen trefft, seid ihr sogar im hohen Alter auf einen Schlag wieder jung. Ja, selbst wenn ihr ihn erst mit neunzig Jahren findet, macht das nichts, ihr werdet dann wieder so jung wie mit zwanzig!

Solange man selbst nicht so weit ist, ist in Wirklichkeit alles, was man unternimmt, egal, ob man wartet oder nicht, ob man zu unterscheiden weiß oder nicht, immer ein Misserfolg. Für eine Ehe muss man wenigstens vorbereitet sein. Wer würde euch sonst akzeptieren? Ihr sagt: »Ich will eine Prinzessin, die Königin des Himmels heiraten...« Aber will sie euch denn überhaupt haben? Wenn man schwach, unwissend, dumm und unfähig ist, kann man auch nur eine entsprechende Frau finden. Oder nehmen wir den Fall eines reizenden Mädchens, das sich aber nicht einmal klar und deutlich ausdrücken kann; sie kann ihren Geliebten nicht verstehen, ihn nicht ermutigen, trösten oder aufheitern und zählt einzig und allein auf ihren Körper. Nun, dieser Mann wird von einem solchen Mädchen bald genug haben und sie im Stich lassen, denn sie kann seiner Seele und seinem Geist nichts Feinstoffliches geben. Selbst wenn dieses Mädchen an den besten Jungen gerät, wird sie genau dann am allerunglücklichsten, wenn sie merkt, dass sie innerlich nichts besitzt, was ihn befriedigt. Vielleicht hat er künstlerische oder geistige Interessen, sie jedoch nicht, und nun leidet sie unter seiner Überlegenheit. Wenn ihr nichts getan habt, um den Umständen gewachsen zu sein, ist es besser, ihr stoßt nicht auf einen Prinzen oder eine Prinzessin.

Das Wichtigste ist, sich vorzubereiten, so dass man jeder Lage gewachsen ist. Sonst werdet ihr sogar mit den besten Menschen nicht auskommen: Sie verlassen euch und suchen andere Wesen, die intelligenter und begabter sind, euch bleibt dann nichts anderes übrig, als zu weinen. Also bereitet euch vor, eignet euch so viele Schätze und Edelsteine an – das heißt gute Eigenschaften und Fähigkeiten –, dass euch keiner gleichkommt. Dann bleibt der Mensch, den ihr liebt, bei euch, denn warum sollte er woanders suchen? Aber man sieht die Dinge nie so. Ein Mädchen will einen bestimmten jungen Mann für sich gewinnen und erreicht durch ihr Getue schließlich, was sie will. Gut und schön, aber wie will sie ihn behalten? Das ist die Frage. Wenn sie keine inneren Werte besitzt, wird sie ihn nicht lange halten können. Also muss man sich vorbereiten... jahrelang. Ihr werdet sagen: »Aber in der Zwischenzeit bekomme ich Falten...« Das macht nichts, äußerlich seid ihr vielleicht runzelig, aber innerlich seid ihr so jung und schön, dass der Prinz bei euch bleibt!

Bevor ihr euch auf irgendwelche Liebesabenteuer einlasst, beachtet die Kriterien der Einweihungslehre. Ihr solltet lieber geduldig warten, bis ihr schließlich einen Menschen findet, mit dem ihr übereinstimmt und der euch in jeder Hinsicht – sogar magisch – ergänzt. Unter dieser Bedingung könnt ihr euch mit ihm verbinden, ihn heiraten und mit ihm Kinder haben. Wenn ihr dieses ergänzende Wesen nicht findet, lohnt es sich nicht, mit irgendjemand anderem ein Abenteuer zu suchen, denn das ist sehr kostspielig. Wartet ab, sucht, und wenn ihr den Richtigen gefunden habt, fühlt ihr, dass alles in eurem Innern mit dem Himmel in Einklang schwingt; ihr empfindet eine Liebe, wie sie nur Dichter beschreiben können. Es wäre also wirklich schade, sich in zehn, zwanzig oder hundert Erfahrungen abzunutzen, zu beschmutzen und herunterzukommen; nicht einmal der Versuch lohnt. Wenn man die Liebe sucht, sollte es die wahre Liebe sein oder gar keine!

Ich sagte euch, dass die Ehe eine Widerspiegelung des größten Mysteriums ist, das in der göttlichen Welt zwischen Gott und seiner Gemahlin, der Natur, Isis, gefeiert wird. Deshalb sollten die Menschen das, was sie bisher blind und unbewusst taten, jetzt im Bewusstsein der tiefen Bedeutung ihres Tuns vollziehen. Der Mann sollte lernen, wie er seiner Frau die Eigenschaften des Himmlischen Vaters vermitteln kann, und die Frau sollte von dem Bewusstsein durchdrungen sein, dass sie ihrem Mann die Tugenden der Göttlichen Mutter nahe bringen kann. Wenn sie sich auf diese Weise bewusst gegenseitig das geben, was dem anderen fehlt, werden sie sich ewig lieben. Und selbst wenn sie sehr, sehr alt geworden sind, schätzen sie sich sogar noch mehr als am ersten Tag ihrer Ehe. Denn sie lieben nicht mehr das Fleisch, den Körper, sondern die Seele und den Geist. Was macht es schon, dass der Körper alt und faltig ist, hinter den Falten strahlt eine wunderschöne Seele. Und eine Seele ist von unschätzbarem Wert!

III

Die meisten Menschen haben ein so begrenztes Bewusstsein, dass sie die ganze Welt vergessen, wenn sie ihren Mann oder ihre Frau lieben; dann existiert nichts anderes mehr für sie. Übrigens sind sie selbst so winzig, engstirnig und beschränkt, dass man sie nirgendwo wiederfindet, und sie irgendwo im All verloren gegangen sind. Sie sind noch nicht gewohnt, die Liebe auf umfassendere Art und Weise zu verstehen; sie erniedrigen sie, machen sie arm und verstümmeln sie. Es ist nicht mehr die sprudelnde, göttliche Liebe, die alle Kreaturen labt. Männer und Frauen müssen verstehen, dass die wahre Liebe nicht die Liebe ist, die bei einem einzigen Menschen Wurzeln schlägt und ihn erstickt. Die wahre Liebe umfasst alle Geschöpfe; sie bringt einem Paar mehr Segen als eine Liebe, die sich nur auf eine Person beschränkt.

Glaubt aber nicht, dass unsere Lehre alle möglichen Anomalien unterstützt. Sie richtet sich an Menschen, die erkannt haben, dass die alte Lebensweise ihnen keine Erfüllung bringen kann und die jetzt eine neue suchen. Das neue Leben existiert schon lange und wartet auf die Menschen. Nur konnte man es ihnen nicht enthüllen, weil sie noch nicht aufnahmebereit dafür waren. Es war also besser, dass sie in ihren Begrenzungen blieben, denn sonst hätten sie mit diesen Offenbarungen zu viel Schaden angerichtet. Solange die Menschen noch nicht so weit entwickelt sind, ist es besser, ihre Freiheit etwas einzuschränken und sie lieber an einen Partner oder eine Partnerin zu binden, der oder die sie daran hindert, überall Dummheiten anzustellen. Aber man kann denjenigen, die mit ihrer Freiheit keinen Schaden anrichten, eine andere Philosophie und andere Moralgesetze geben.

Es ist gut zu heiraten und Kinder zu bekommen, aber die Paare müssen lernen, ihre Ansichten zu erweitern und nicht so besitzergreifend und eifersüchtig zu sein. Der Mann wird sich dann freuen, wenn seine Frau die ganze Welt liebt, und die Frau wird glücklich sein, dass ihr Mann ein so großes Herz hat; aber beide bewahren Weisheit und Reinheit. Auf diese Weise bleibt die Ehe mit all ihren wunderbaren Traditionen und Regeln erhalten und gleichzeitig erkennen Mann und Frau, dass sie ihr Herz immer weiter machen und alle Geschöpfe lieben dürfen, ohne dabei gegen die Regeln der Treue und der Vernunft zu verstoßen.

Das ist die wahre Lösung. Wir haben nichts gegen die Ehe und predigen auch nicht das freie Zusammenleben, wie es in manchen Ländern üblich ist. Im Übrigen haben viele Menschen nach ein paar Erfahrungen begriffen, dass diese Neuheit auch nicht besser ist und sind zur alten Tradition zurückgekehrt. Es ist nur schade, dass sie nicht die dritte, die richtige Lösung gefunden haben. Die Menschen gehen immer von einem Extrem ins andere, ohne je die dritte Lösung zu finden, die es für jedes Problem gibt. Auch für das Verhalten in der Liebe gibt es einen dritten Weg. Solange die Menschen diesen nicht kennen, bleiben sie unzufrieden. Die Unverheirateten fühlen, dass ihnen etwas fehlt und bedauern manchmal, nicht geheiratet zu haben; die Verheirateten sind auch nicht glücklich und bereuen, geheiratet zu haben. Wenn die Menschen einmal die dritte Lösung gefunden haben, werden sie immer glücklich sein und in der Fülle leben, egal ob sie verheiratet sind oder nicht.

Die Ehe darf nicht abgeschafft werden. Sie besteht schon seit so vielen tausend Jahren, dass sich ein Atavismus bei den Menschen gebildet hat, und ihre Abschaffung würde alle möglichen Störungen zur Folge haben. Wenn jeder sagen würde: »Nein, die Familie ist nichts wert. Man soll mit allen Männern und allen Frauen alles machen dürfen, was einem gefällt... Absolute Freiheit!«, so würde man doch nach einiger Zeit im körper-

lichen, psychischen, sozialen und wirtschaftlichen
Bereich in jeder Hinsicht starke Anomalien feststellen und wieder auf die Familie zurückkommen.
Nach einer Weile hat man dann wieder von der
Familie genug und gibt sich aufs Neue der Zügel-
losigkeit, den Ausschweifungen und der Scham-
losigkeit hin, bis man sich, überdrüssig, ermüdet,
angeekelt, wieder einmal sagt: »Nein, die Familie
war doch besser...« und so weiter und so fort; man
fällt ständig von einem Extrem ins andere, bis man
endlich eines Tages die dritte Lösung findet.

Diese Lösung liegt weder in der Familie noch
in der freien Liebe, sondern findet ihren Ursprung
zunächst in der Intelligenz. Es ist die Einsicht,
dass es noch andere Aspekte, Äußerungsmöglich-
keiten und Ausdrucksformen der Liebe gibt, die
viel wunderbarer, umfassender und reiner sind,
wo Mann und Frau versuchen, den anderen edler
und erhabener einzuschätzen und sich gegenseitige
Freiheit lassen.

Die meisten Menschen können diese Auffas-
sung der Liebe nicht erreichen. Zu viele alte Nei-
gungen protestieren und revoltieren in ihnen.
Aber wenn zwei wirklich entwickelte Menschen
heiraten, haben sie sich bereits von vornherein
gegenseitig die Freiheit gelassen, alle Männer
und Frauen zu lieben. Beide sind glücklich, alle
Geschöpfe lieben zu dürfen, ohne deshalb mit
ihnen Dummheiten anzustellen. Die Frau versteht
ihren Mann, der Mann versteht seine Frau, und

gemeinsam erheben sie sich und gehen dem Himmel entgegen; sie entfalten sich mehr und mehr und werden immer lichtvoller, denn sie führen das wahre Leben, das mit unbegrenzter Liebe erfüllt ist... Dies ist die beste Lösung. Wenn ihr keinen Partner findet, der euch diese Freiheit gibt, sondern nur einen, der euch stets beschlagnahmen und begrenzen will, dann solltet ihr lieber nicht heiraten. Auf diese Weise bleibt ihr frei, die ganze Welt zu lieben, ohne dass jemand das Recht hat, euch deswegen Vorwürfe zu machen. Denn wenn die Menschen so engstirnig, egoistisch und besitzergreifend sind, lohnt es sich nicht, sich mit ihnen zu verbinden, um nachher feststellen zu müssen, dass das ganze Leben lang »der Teufel los war!«

Die wahre Einweihungslehre verurteilt weder die Liebe noch die Ehe. Im Gegenteil, mit ihr können die Menschen besser lieben und glücklich sein, denn sie lehrt sie, die Dinge einzuordnen. Haltet ihr es für sinnvoll, eure ganze Aufmerksamkeit, alle Gedanken und eure ganze Liebe auf eine einzige Frau oder einen einzigen Mann zu richten? Das Bedürfnis zu lieben, ist ein ganz natürliches Bedürfnis, nur muss man wissen, wohin, wie und auf wen man dieses Bedürfnis konzentrieren soll. Heiratet, habt Kinder und seid eurem Partner treu. Aber macht euch keine Illusionen. Ein Mann oder eine Frau können euch beide nur das geben, was sie zu geben haben.

Jede Frau auf Erden spiegelt nur einen ganz kleinen Teil der Herrlichkeit der Kosmischen Frau wider. Alle Schönheit, die man auf alle Frauen der Welt verteilt findet, ist die Schönheit der einen, einzigen, der Kosmischen Frau, der Göttlichen Mutter, die alle Pracht und Vollkommenheit in sich vereinigt. Und jeder Mann auf Erden spiegelt auch nur einen Teil der Pracht des Himmlischen Vaters wider. Manche ein wenig mehr, manche weniger. Wenn man also nur einen einzigen Mann oder eine einzige Frau liebt, wird man nie völlig zufrieden und erfüllt sein, denn weder er noch sie stellt die ganze Vollkommenheit dar.

Ich selbst kenne nur einen Weg. Ich habe nur einen einzigen Weg studiert: den der Macht der Liebe. Nur muss man wissen, wie man lieben soll, denn Hysterie, Neurosen und Depressionen sind stets auf ein falsches Verständnis der Liebe zurückzuführen, wenn nämlich die Energien nicht richtig kanalisiert, reguliert und gelenkt werden. Man muss die Liebe stets höher steigen lassen und sie bis in die Regionen des Himmlischen Vaters und der Göttlichen Mutter erheben.

Sicher kann man nicht von jedem verlangen, dass er in allen Frauen nur die Göttliche Mutter und in allen Männern nur den Himmlischen Vater liebt, denn nur sehr wenige sind dazu fähig. Die meisten können nur eine Frau oder einen Mann gleichzeitig lieben, zumindest für eine bestimmte Weile. Nun, es ist gut, nur eine Frau oder einen

Mann zu lieben, aber warum sollte man nicht versuchen, in dieser einen Frau oder diesem einen Mann alle Frauen und alle Männer der Welt zu sehen?... Es ist vielleicht noch schwierig, diese Einstellung nachzuvollziehen, aber mit der Zeit sowie mit dem Licht und der Weisheit der Einweihungslehre, wird es möglich sein, dass Männer und Frauen nicht mehr so besitzergreifend, eifersüchtig und begrenzt sind.

Warum ist ein Mann übrigens eifersüchtig? Weil er unwissend ist. Er ist beruhigt mit seiner Frau zusammen und glaubt, es gäbe niemand anderen. Aber wenn er wüsste, was alles im Kopf seiner Frau vorgeht, wie viele Gedanken, Vorstellungen und Bilder dort ein- und ausgehen! Sie kann auch zahlreiche unsichtbare Freunde haben und mit den Wesenheiten der Erde, des Wassers, der Luft usw. kommunizieren. Und wie viele Engel kommen herab, umarmen sie und bringen ihr Geschenke, wenn sie die Sonne betrachtet? Aber der Mann, dieser Dummkopf, sagt nichts, weil er nichts sieht! Nur auf der physischen Ebene greift er gleich zum Gewehr, wenn jemand seine Frau anrührt. Was für eine Unwissenheit!

Wenn eure Anhänglichkeit einem einzigen Mann gilt, ist dieser natürlich sehr stolz und glücklich, wenn er sieht, dass ihr seine Sklavin seid und nichts ohne ihn unternehmen könnt. Aber ob ihr selbst glücklich dabei seid, ist nicht so sicher. Und wenn andererseits der Mann wie ein Sklave von einer Frau abhängig ist und völlig den Kopf verloren hat, schmeichelt es natürlich der Eitelkeit der Frau, dass ein Dummkopf nicht mehr ohne sie leben kann. Aber ist dies für den Mann wirklich wünschenswert? Seit Jahrtausenden legen Männer und Frauen sich gegenseitig Ketten an, um ihre Eitelkeit und ihr Besitzstreben zu befriedigen. Ob dies dem Glück und auch dem gesunden Menschenverstand völlig widerspricht, ist gar nicht wichtig – sie selbst sind zufrieden, ihr Egoismus ist befriedigt, was gilt da schon die Wahrheit und der gesunde Menschenverstand! Männer und Frauen werden zu Barbaren.

Wenn die Menschen mehr Klarheit in diesem Bereich haben, wird sich dieser Zustand ändern. Ihr meint, dann würde die Familie verschwinden und Unordnung und Anarchie herrschen! Nein, ihr habt mich nicht verstanden: Die Liebe, von der ich spreche, ist die wahre Liebe, die sich nicht auf ein Wesen beschränkt und dort untergeht, sondern weitergeht, alles begießt, alles zum Blühen bringt und bis zum Herrn aufsteigt. Mann und Frau verstehen einander, helfen einander, einigen sich und arbeiten gemeinsam daran, sich geistig zu erheben. Sie sind Partner in der göttlichen Arbeit, es gibt keine Eifersucht unter ihnen und ihre Verbindung hat einen günstigen Einfluss auf die ganze Welt.

IV

LIEBEN OHNE BESITZANSPRUCH

Viele Ehepaare, die zu mir kommen, beklagen sich über die Untreue ihres Partners. Wenn ich ihre Anschuldigungen nachprüfe, stelle ich jedoch fest, dass es reine Einbildung war. Warum macht man eigentlich solche Geschichten? Weil man im Grunde Angst hat, die geliebte Person zu verlieren. Und mit welchem Genuss, mit welchem Vergnügen versucht man, den anderen aus der Fassung zu bringen und zu quälen! »Liebling, ich quäle dich nur deshalb, weil ich dich liebe...« Eine seltsame Logik!

Es kommt aber auch vor, dass eine Frau unzufrieden und unglücklich ist, weil ihr Mann nicht eifersüchtig ist. Sie weiß, dass er sie liebt, dass er es an nichts fehlen lässt, und ihr sogar die Freiheit gibt, aber anstatt sich zu freuen, macht sie sich Sorgen und verdächtigt ihn, eine Geliebte zu haben. Soll er sie anketten und sich ihr gegenüber wie ein Drache benehmen, damit sie glücklich ist? Es gibt Frauen, die mit solchen Drachen zusammenleben, aber auch sie sind unglücklich. Glaubt mir, man kann es den Menschen nie recht machen. Wenn ein Mann seiner Frau die Freiheit lässt, beschwert sie sich: »Warum überwacht er mich nicht, warum gibt er mir so viel Freiheit? Er liebt bestimmt eine andere!« Und wenn ihr Mann ein Tyrann, ein Despot ist, jammert sie und sucht sich einen anderen, der sie befreit.

Manche Menschen wollen ihren Mann oder ihre Frau für sich allein besitzen und haben Angst, sie zu verlieren, sobald sie anderen ein wenig Zuneigung entgegenbringen. Sie werden eifersüchtig und befürchten, dass ihr vermeintliches Eigentum ihnen abhanden kommt. Aber wo steht geschrieben, dass euer Mann oder eure Frau euer Eigentum ist? Ihr kennt sie seit zwei oder zehn Jahren, aber sie sind lange bevor ihr sie kennen gelernt habt geschaffen worden. Sie haben Eltern, sie haben einen Schöpfer, sie existieren seit Millionen von Jahren und gehören nicht euch. Der Mann sagt: »Das ist meine Frau!« Ja, sie ist Ihre Frau, aber für wie lange? Das weiß nur Gott allein! Ihr seid ganz einfach Partner. Wenn ihr schwerwiegende Missverständnisse oder gar großes Unglück vermeiden wollt, dann betrachtet den anderen als jemanden, der freiwillig euer Partner geworden ist (oder unfreiwillig, das geht aus der Geschichte nicht hervor). Ihr seid Partner, um eine bestimmte Arbeit zu machen, um zum Beispiel ein Haus zu bauen. Ja, wenn ihr ein Kind zeugt, ist das so, als ob ihr ein Haus bauen würdet. Das Kind ist ein

Geist, der von sehr weit her kommt, und ihr baut ihm Stein um Stein ein Haus, seinen Körper.

Die Angst, den Menschen, den man liebt zu verlieren, ist die Ursache vieler Missverständnisse. Ihr müsst von vornherein wissen, dass der andere euch nicht gehört. Ihr wollt ihn mit allen Mitteln an euch binden, ihr quält ihn, tut ihm Gewalt an und drängt ihm euren Willen auf. Aber was erreicht ihr in Wirklichkeit damit? Angenommen, ihr habt eine sehr hübsche Frau geheiratet. Könnt ihr verhindern, dass andere Männer sie ansehen, sie bewundern und ihr sogar nachlaufen? An Gelegenheiten fehlt es nicht; auf der Straße, im Theater, in Gesellschaft, bei Freunden, überall sieht jeder eure Frau an, und wenn ihr nicht vernünftig seid, müsst ihr leiden. Es ergeht euch genauso wie jemandem, der einen Park voller Blumen besitzt. Er kann nicht verhindern, dass die Blumen ihren Duft verbreiten und alle Welt ihn einatmet. In Wirklichkeit ist das, was ihr so eifersüchtig bewacht, nur der Körper des geliebten Wesens, eine Hülle, eine Schale... Der wahre Wert, die Essenz des Menschen, das heißt, seine Gedanken und seine Gefühle, können nicht eingeschlossen werden. Es ist die größte Täuschung zu glauben, dass man eine menschliche Seele einsperren kann. Das ist genau so, als würde man versuchen, den Sand in Ketten zu legen oder den Wind anzubinden. Man kann nicht über die Seele herrschen. Man vermag sich vielleicht des physischen Körpers zu bemächtigen, nicht aber dieses geheimnisvollen Wesens, das in ihm wohnt.

Es gibt Menschen, die einen Mann oder eine Frau durch Magie an sich binden wollten. So etwas ist möglich. Es gibt allerlei Formeln und magische Vorgehensweisen, durch die man Menschen verhexen kann, aber ich rate niemandem, solche Methoden anzuwenden. Warum nicht? Angenommen es gelingt euch, eine Frau dazu zu zwingen, dass sie euch liebt. Vielleicht verliebt sie sich sogar unsterblich in euch... Zwischen Himmel und Erde ist alles möglich! Ihr wisst jedoch nicht, was sie gleichzeitig auf euch überträgt, wenn sie euch küsst und euch das gibt, was ihr von ihr erwartet. Die durch die Macht eurer Formeln angezogenen Geister haben sich in ihr niedergelassen, und es ist nicht ihr Geist, der euch liebt, sondern diese niederen Wesenheiten. Wenn ihr sie sehen könntet, würden euch die Haare zu Berge stehen und ihr würdet den Himmel anflehen, euch von ihnen zu befreien. Menschen zu verhexen, ist keine gute Methode. Gewiss, ihr bekommt, was ihr wolltet, aber wenn ihr von den Lippen dieser Frau die Liebe zu trinken glaubt, trinkt ihr in Wirklichkeit ein Gift, das euch nach und nach zugrunde richtet. Man kann die Wesen der Astralwelt heraufbeschwören und ihnen seinen Willen aufzwingen, aber der Geist ist frei, er kann weder angebunden noch in Ketten gelegt werden.

Was bedeutet also die Angst, die Schale, den Körper, das Gehäuse eines Menschen zu verlieren im Vergleich zu der Freude, seinen Geist zu gewinnen und ihn an seiner Seite zu haben? Ihr sagt, es wäre das Beste, beides zu besitzen: Geist und Körper. Ja, das kann ich verstehen, aber um das zu erreichen, gibt es andere Methoden. Mit Gewalt erreicht ihr nichts. Im Gegenteil, durch solche Mittel verliert ihr beide. Ihr müsst euch anders verhalten, damit der freie Geist sich derart an euch bindet, dass er durch nichts von euch getrennt werden kann. Hier beginnt die Wissenschaft der Liebe. Wenn ihr erreichen wollt, dass jemand euch freiwillig und ohne Zwang liebt, gibt es nur ein unschädliches Mittel: nie negativ über ihn denken und ihm stets herrliche, lichtvolle und reine Gedanken senden. Seid geduldig, auch wenn er hart und böse ist, ertragt alles und hört nicht auf, ihm zu helfen und ihn zu lieben. Wenn euch tatsächlich so viel an ihm liegt, wird auch er euch früher oder später eine reine und göttliche Liebe entgegenbringen.

Jemand wendet ein: »Ja, aber wenn man seine Frau nicht eifersüchtig bewacht, stellt sie Dummheiten an.« Da täuscht ihr euch. Im Gegenteil, gerade wenn ihr sie eifersüchtig bewacht, macht sie am meisten Dummheiten. Könnt ihr in ihren Kopf, in ihr Herz sehen, um zu wissen, was dort vor sich geht? Eine Frau kann so gut lügen, dass sie sogar den lieben Gott täuschen würde, und der Dummkopf von Ehemann bildet sich ein, er könne sie beaufsichtigen! Eines glaube ich ganz gewiss nicht, nämlich dass ein Mann eine Frau überwachen kann. Sie kann sich selbst überwachen, ja, aber nicht er. Selbst wenn er sie in einen Turm einsperrte, würde sie den Teufel herbeirufen und sich mit ihm amüsieren, um sich an ihrem Mann zu rächen.

Eifersucht führt immer zu Katastrophen. Wenn die Frau ständig von ihrem Mann hört: »Du betrügst mich... du bist mir untreu...«, wird sie sich eines Tages schließlich sagen: »Das möchte ich ausprobieren, es ist sicher aufregend!« Bislang war sie ihm treu und dachte nicht daran, ihn zu betrügen; aber durch seine Verdächtigungen hat der Mann auf der Astralebene selbst die Voraussetzungen dafür geschaffen. Und wenn sie sich einmal entschlossen hat, ihn zu betrügen, tut sie es nicht nur, sondern weiß obendrein seine Befürchtungen mit erstaunlicher Überzeugungskraft zu beschwichtigen: »Mein Liebling, du kannst beruhigt sein, ich sage dir die Wahrheit...« Und während er ihr nicht glaubte, als sie ihm die Wahrheit sagte, glaubt er ihr nun, wo sie ihn anlügt.

Eifersucht ist ein Mangel an Verstand. Verbissen bewacht man sein »Eigentum«, weil man nicht erkennt, dass die Seele und der Geist desjenigen, den man so eifersüchtig sein Eigen nennt, vollkommen frei sind. Sobald ihr erkennt, dass in den Menschen ein feinstoffliches Prinzip wohnt, zu dem ihr eine Beziehung aufnehmen müsst, weitet sich euer Verständnis und ihr verhaltet euch dem

Menschen gegenüber, den ihr liebt, viel feinfühliger und einsichtiger. Dann bindet er sich langsam immer stärker an euch, weil er sieht, dass ihr seine Freiheit respektiert, ihm keine Gewalt antut und er euch vertrauen kann. Wenn die Angst schwindet, seid ihr nicht mehr so angespannt, grob, böse und rachsüchtig; ihr seid ruhiger und findet Lösungen für die Probleme, die auf euch zukommen.

Nehmen wir sogar einmal an, eure Frau liebt euch nicht mehr. Sagt euch in diesem Fall, dass ihre Seele frei ist und nicht ewig bei euch bleiben wird; dass sie vor euch, in früheren Inkarnationen, bereits Hunderte von Männern geliebt hat und nach euch noch andere lieben wird. Warum zerbrecht ihr euch den Kopf, wenn sie euch nicht mehr liebt? Werdet ihr sie denn immer lieben? Habt ihr sie seit Anbeginn der Schöpfung geliebt?... Nein. Also bleibt ruhig und vergegenwärtigt euch, dass es ungerecht ist, von einem anderen Wesen alles zu erwarten, während ihr euch selbst frei fühlt, das zu tun, was euch gerade in den Sinn kommt.

Die Eifersucht ist ein schreckliches Gefühl. Es verdunkelt den Geist und wirft den Menschen in sehr niedere Bereiche, in denen die Sinnlichkeit entfesselt wird. Einer Eifersuchtsszene folgt immer ein Anfall sinnlicher Liebe, der jedes Mal heftiger ist als zuvor. Wenn ihr also nicht in den Bann einer entfesselten Sinnlichkeit geraten wollt, solltet ihr keine Eifersucht äußern, denn sonst seid ihr nachher wie verhext und wisst nicht einmal,

wie es so weit gekommen ist. Wie oft haben nicht
schon Männer, nachdem sie ihren Frauen oder
Geliebten einen fürchterlichen Auftritt gemacht
und geschworen hatten, sie zu verlassen, sich dann
in einem unwiderstehlichen Sexualdrang vor ihr
gedemütigt und ihre ganze Würde aufgegeben, um
eine einzige Liebkosung zu erhalten!... Die Eifersucht ist der schlechteste Ratgeber der Hölle; sie
treibt die Menschen zu sinnlosen Taten, die sie
nachher, wenn es zu spät ist, bereuen. In rasender
Eifersucht tötet man seine Geliebte, weint später
und bringt sich selbst um.

Der Schüler einer Einweihungsschule muss die
Eifersucht überwinden. Es ist schmählich für ihn,
wenn er weiterhin von solchen Sorgen und Äng-
sten beherrscht wird. Wenn seine Frau ihn verlässt,
sollte er nachdenken und sich sagen: »Es ist traurig, dass ich meine Frau verliere; es tut mir weh,
aber ich habe noch den Himmel, Gott, das Licht,
die Lehre, den Meister... Wie reich ich bin!« Wenn
ihr nur ein Brot habt, werdet ihr nicht großzügig
sein; wenn ihr aber viele Brote habt, könnt ihr sie
verteilen und wisst, dass ihr trotzdem nicht hun-
gern müsst. Eifersucht ist ein Zeichen der Armut.
Wer innerlich reich ist, hat keine Angst, allein zu
bleiben; selbst wenn alle ihn verlassen, spürt er,
dass Hunderte, ja Tausende von Geistern ihn weiterhin besuchen. Eine der besten Methoden, sich
von der Eifersucht zu befreien, besteht darin, die
Liebe auf eine höhere Ebene zu erheben. Warum

will eine Frau ihren Mann, den sie um seiner Intelligenz, seines Wissens, seines Geistes und seiner Güte willen liebt, der ganzen Welt bekannt machen? Warum ist sie glücklich, wenn jeder bei ihm Aufklärung und Wärme sucht?... Weil ihre Liebe von anderer, erhabenerer Natur ist als die gewöhnliche Liebe einer Frau, die einen Mann rein körperlich wegen seines süßen kleinen Bartes oder seiner eindrucksvollen Muskeln liebt!

Es ist wichtig, seine Liebe umwandeln zu können. Ihr müsst wissen, dass eine sehr sinnliche Liebe untrennbar mit Eifersucht verbunden ist. Je mehr ihr jemanden körperlich liebt, desto mehr wollt ihr ihn für euch allein besitzen, und schon ist die Eifersucht da. Je mehr ihr jemanden auf geistiger Ebene liebt, desto mehr wollt ihr ihn den anderen geben, um mit ihnen die Freude zu teilen, dass man ihn liebt. Heiraten ist wunderbar, aber wenn ihr Leid vermeiden wollt, müsst ihr eine Grundregel kennen. Betrachtet eure Frau oder euren Mann nie als euer Eigentum, ihr stoßt sonst auf große Widersprüche, denn es wird immer wieder ein Augenblick kommen, in dem ihr merkt, dass der andere euch nicht gehört. Er existierte, bevor er euch kannte, und wird auch nach euch existieren. Ein anderer hat ihn geschaffen und nicht ihr. Betrachtet ihn also nur als euren Partner für dieses Leben und denkt daran, dass er frei ist! Wenn er etwas für euch tun will, freut euch, doch kein Gesetz kann ihn dazu zwingen. Er ist einzig und allein aus eigenem, freiem Einverständnis mit euch verbunden. Vor euch war er mit anderen zusammen, und eure Beziehung zu ihm ist nicht ewig; wenn sie es wäre, wäre er eure Schwester-seele und ihr würdet in vollkommener Harmonie miteinander leben. Da dies nicht der Fall ist, kann-tet ihr euch also nicht und begegnet euch jetzt viel-leicht zum ersten Mal.

Jede Frau hat schon so viele Ehemänner gehabt, dass die Ärmste sich gar nicht zurechtfinden würde, wenn sie sie alle aufzählen sollte. Ebenso hat auch jeder Mann schon unzählige Frauen gehabt, und es ist gar nicht gesagt, dass er in der nächsten Inkarna-tion die gleiche wieder trifft. Also braucht man sich keine Illusionen oder Sorgen zu machen. Männer und Frauen sollten sich sagen: »Gut, wir sind Part-ner, wir wollen unser Bestes tun und ehrlich sein. Das ist alles!« Und wenn es ihnen gelingt, sehr gute Beziehungen zueinander herzustellen, können sie wieder zusammen sein, warum nicht? Ihr seht, wie alles sich aufklärt. Diese Wissenschaft ist genauso unendlich wie das Leben. Ich habe das Gefühl, noch nicht genug über dieses Thema gesagt zu haben, wie übrigens auch über alle möglichen anderen The-men. Aber ich hoffe, dass wir diese Probleme mit der Gnade des Himmels und eurem guten Willen mehr und mehr klären können, damit ihr Söhne und Töchter Gottes werdet, glücklich und frei. Ja, glück-lich, frei und in Frieden, selbst mit euren Frauen, euren Männern und euren Kindern!...

V

WIE MAN DER LIEBE
EINE EDLERE AUSDRUCKSFORM GIBT

I

Im Laufe der Jahrhunderte hat die Einstellung zur Liebe sich weiterentwickelt. Der Urmensch war in diesem Bereich unbeschreiblich gewalttätig, brutal und sinnlich; er glich einem tobenden Ozean oder einem ausbrechenden Vulkan. Im Laufe der Zeit kamen mit dem Erwachen des Bewusstseins und des Empfindungsvermögens mehr oder weniger neue Elemente wie Zärtlichkeit, Feingefühl und Zartheit hinzu. Trotzdem hat die Liebe in den meisten Fällen auch heute noch eine eher primitive Ausdrucksform. Die seit Jahrtausenden ausgeübte leidenschaftliche, triebhafte Liebe hat sich in den Menschen so tief eingeprägt, dass er nicht mehr weiß, wie er sie verfeinern oder veredeln soll. Im Augenblick gleicht das Lieben noch einem Gemetzel. Brutal wirft man sich aufeinander, ohne Vorbereitung, ohne Ästhetik und ohne

Poesie. Man hat Hunger, also isst man. Man lässt es sich schmecken und ist für eine Weile gesättigt. Dann verspürt man wieder Hunger und muss sich aufs Neue auf die Nahrung stürzen. Viele Menschen, selbst jene, die zur sogenannten kultivierten Gesellschaft gehören, leben die Liebe wie die Wilden: keine Poesie, keine Schönheit, keine Harmonie, nichts, sie verschlingen sich. Selbst wenn sie sich Mühe geben, dem Partner mit feineren Manieren gegenüberzutreten, bedeutet das noch nicht die wahre Liebe, sondern nur eine kleine Verzierung.

Die Liebe ist eine wunderbare Kraft, aber es sind ihr zu viele leidenschaftliche Elemente beigemischt, die ihr wahres Wesen hindern, sich auszudrücken. Nehmt ein neugeborenes Tier, ein Hündchen, ein Kalb oder ein Kitz, es ist kurz nach der Geburt nicht besonders sauber und die Mutter leckt es rein. Auch ein neugeborenes Kind wird gewaschen. So sollte es auch mit der Liebe sein. Die Liebe ist ein göttliches Kind, denn hinter jeder Form von Liebe steht Gott. Sie muss nur gesäubert, gereinigt, erzogen, gestärkt und befreit werden, damit man die Göttlichkeit in ihr entdeckt. Selbst die egoistischste, sinnlichste, niederste Liebe enthält eine göttliche Essenz. Doch ist sie von den unterschiedlichsten Elementen umhüllt, denn sie musste auf ihrem Weg manche schmutzigen Orte durchqueren. Schornsteine etwa oder schlammige Pfade und Wege. Sogar die besten Dinge, die vom Himmel herabströmen, müssen Schichten durchdringen, die wir um uns angehäuft haben: niedere Gedanken und Wünsche und alle möglichen Hirngespinste. Deshalb sind sie im Moment noch von Schmutz bedeckt; sie sind Edelsteine, die man reinigen muss. Solange der Mensch nicht daran denkt, sich zu reinigen, werden alle vom Himmel kommenden Impulse, Anregungen und Kräfte verfälscht.

Die Liebe ist göttliches Leben, das in die niederen Bereiche hinabsteigt, um sie zu überfluten, zu begießen und zu beleben. Es ist die gleiche Energie wie die Sonnenenergie, das gleiche Licht, die gleiche Wärme, das gleiche Leben. Aber während sie zu uns herabsteigt, nimmt sie genau wie ein Fluss die Unreinheiten der verschiedenen Gegenden auf, die sie durchqueren muss. Rein und kristallklar ist sie auf den Gipfeln der hohen Berge entsprungen; aber durch ihren Abstieg in die niederen Schichten, zu den Menschen, welche die Liebe nur als ein Mittel des Vergnügens oder der Fortpflanzung ansehen, wird sie unkenntlich.

Nun stellt sich die Frage: Wie können wir die Liebe, die mächtigste und wesentlichste göttliche Energie von neuem so rein machen, wie sie ursprünglich war, an ihrer Quelle?... Man muss zunächst wissen, dass die Liebe Tausende von Abstufungen hat, von der gröbsten bis zur subtilsten, und dass man diese Stufen erklimmen kann. Durch bewusstes Denken, anhaltende Aufmerksamkeit und kluge Kontrolle kann man an sich selbst arbeiten, damit diese Energie wieder

genauso hell wird wie das Licht der Sonne. Statt
alles herabzuziehen und zu zerstören, hinterlässt sie
dann überall, wo sie erscheint, einen wohltuenden
Einfluss, anstatt zugrunde zu richten und zu zerstören. Man muss also einige Gesetze kennen, die man
bereits anwenden sollte, bevor man seine Geliebte
beim Liebesakt in den Armen hält. Lange bevor die
Liebe ausgelöst wird, sollte man diese Gesetze bei
den Tätigkeiten des täglichen Lebens lernen.

Nehmen wir ein Beispiel. Jeden Tag müsst ihr
essen. Bei Tisch verschlingt ihr jedoch nicht alles,
was auf eurem Teller ist, sondern trefft eine Auswahl. Egal ob ihr Muscheln, Fisch, Käse, Gemüse
oder Früchte esst, es gibt immer etwas Ungenieß-
bares, Unverdauliches, das abgewaschen oder weg-
geworfen werden muss. Der Mensch, der in seiner Entwicklung weiter fortgeschritten ist als die
Tiere, wählt seine Nahrung aus, was die Tiere nicht
tun. Wenn es jedoch um Gefühle und Gedanken
geht, verschlingt er alles wahllos. Warum? Warum
haben Liebespaare, bevor sie sich küssen, noch nie
daran gedacht, von ihrer »Nahrung« zunächst einmal die Unreinheiten zu entfernen? Oft haben sich
in ihre Gefühle und Küsse Krankheits- und Todeskeime eingeschlichen, die sie aufgrund ihres man-
gelnden Bewusstseins weder sehen noch ausschei-
den konnten. Ja, in den niederen und stumpfen
Ausdrucksformen der Liebe, wo weder Bewusstsein noch Selbstbeherrschung noch Licht zu finden sind, ist der Tod enthalten. Und gerade diese

Liebe wird überall besungen, gelobt und verehrt! Niemand kennt eine andere Form der Liebe, und wenn ihr davon sprecht, werdet ihr für verrückt gehalten.

Alles beginnt mit der Ernährung. Bevor man sich an den Tisch setzt, wäscht man sich die Hände; in der Vergangenheit sprach man sogar ein Gebet und lud den Herrn ein, an der Mahlzeit teilzunehmen. Es gibt vielleicht noch Bauern, die das heute noch tun, aber die kultivierten Menschen haben diesen Brauch aufgegeben. Ihr seht, wohin Intelligenz und Kultur die Menschen führen!... Sich die Hände zu waschen und den Herrn an seinen Tisch einzuladen, das waren Handlungen, die einen tiefen Sinn enthielten; die Eingeweihten, die sie eingeführt hatten, wollten ihren Schülern damit sagen: »Genauso sollt ihr, bevor ihr ein anderes Wesen liebt und es in eure Arme schließt, die Engel einladen, an diesem Fest teilzunehmen; aber wascht euch zuerst die Hände, das heißt, reinigt euch und habt den Willen, den anderen nicht zu beschmutzen und ihm nicht eure Krankheiten, eure Mutlosigkeit und eure Traurigkeit zu übertragen.«
Betrachten wir einmal, was im Allgemeinen vor sich geht. Der junge Mann ist unglücklich und niedergeschlagen und will sich trösten, indem er seine Geliebte küsst. Was bringt er ihr also? Er nimmt ihr alles: ihre Kraft, ihre Freude, ihre Inspiration, und zum Ausgleich gibt er ihr nur seinen Schmutz!

Er hätte sie in diesem Augenblick nicht küssen dürfen, sondern hätte sich sagen sollen: »Heute fühle ich mich armselig, elend und schmutzig; ich will mich also vorbereiten, mich waschen, und wenn ich wirklich in einer guten Verfassung bin, werde ich zu ihr gehen und ihr meine Schätze bringen.« Man denkt nie so, aber wenn man in der Zukunft die Dinge verstehen wird, wird man beschämt und angewidert sein, wenn man sieht, wie hässlich man geliebt hat. Ihr sagt: »Aber so machen es doch alle. Wenn man traurig ist, braucht man Trost.« Nur weil alle unbewusst und egoistisch sind, ist das noch lange kein Grund, es genauso zu machen! In der Zukunft werden alle lernen, wie die Sonne, wie die Engel, wie die großen Meister zu lieben, deren Liebe nicht nimmt, sondern immer nur gibt.

Es gibt Tage, an denen ihr euch armselig fühlt. Haltet euch an diesen Tagen von dem geliebten Menschen fern, denn sonst wird das Gesetz euch fragen, warum ihr ihn bestohlen habt. Die Menschen sind wirklich eigenartig. Wenn sie sich wohl fühlen, verteilen sie ihren Reichtum an jeden x-Beliebigen, aber wenn sie unglücklich und verzweifelt sind, plündern sie diejenigen aus, die sie lieben. Sie benehmen sich genau wie Diebe, ganz und gar wie Diebe!

Das oberste Gebot für die Liebe wie auch für die Ernährung heißt also, die vorgesetzte Nahrung nicht wahllos aufzunehmen. Hierzu muss man jedoch die einzelnen Gefühle voneinander unterscheiden können; man muss wissen, wann ein Gefühl egoistisch oder selbstlos, begrenzend oder befreiend, durcheinander bringend oder harmonisierend ist. Um die Gefühle jedoch richtig einzuordnen, muss man wachsam sein. Denn wenn ihr euch von einem blinden Antrieb mitreißen lasst und unaufmerksam seid, ist die Grenze eures Königreichs unbewacht und ihr merkt nicht, wenn Feinde sich einschleichen, um euer Reich zu untergraben. Wenn man sich nicht mitreißen lassen will, muss man wachsam und aufmerksam sein und darf nicht die Kontrolle verlieren. Doch die Menschen wollen in ihrer Liebe nur vergessen. Die große Liebe bedeutet für sie, Gedanken und Bewusstsein aufzugeben und sich zu berauschen. Angeblich sind die Gefühle weniger stark, wenn man nicht trunken ist! Aber was wissen die Menschen schon davon? Haben sie je versucht, wachsam zu sein, diese Auswahl vorzunehmen und sich mit den höheren Strömungen zu verbinden, um zu sehen, welche Freude und welche Entdeckungen dann auf sie warten?... Wenn sie es noch nie versucht haben, wie können sie sich dann darüber äußern?

Die niedere, leidenschaftliche Liebe bringt den Tod. Die Astrologie kann dies bestätigen. Der Tierkreis der Astrologen ist ein lebendiges Buch, in dem die Eingeweihten die tiefen Wahrheiten des Lebens und der Welt ablesen und alles, was es auf Erden gibt, ist ein Spiegel dieses Buches. Die zwölf Sternbilder haben alle Daseinsformen auf der Erde geschaffen und gestaltet. Wer ein philosophisches Problem lösen will, sollte sich an dieses große Buch der Natur dort oben, den Tierkreis wenden. Ich habe dies bereits mehrmals in eurer Gegenwart getan.

Lasst uns nun auf die Frage von Liebe und Tod eingehen und den Tierkreis befragen, welche Sternbilder von der Liebe sprechen. Mehrere Zeichen können uns antworten, hauptsächlich aber Stier und Waage, denn sie sind das Haus von Venus. Der Stier steht für die Fruchtbarkeit der Natur, die Liebe ist hier noch primitiv und sinnlich. Der Apis-Stier, das Symbol der Fruchtbarkeit, wurde von den Ägyptern gerade deshalb verehrt, um die Kräfte des Sternbildes Stier anzuziehen und sie an den Apis-Stier zu binden, damit der Boden reiche Ernte trägt. Mit magischen Zeremonien gelang es den ägyptischen Priestern, diese Fülle fest zu halten. Das andere Haus von Venus, die Waage, stellt dagegen eine reinere, höher entwickelte Liebe dar. Das bedeutet aber nicht, dass alle jene, die Venus in der Waage haben, eine geistige, göttliche Liebe zum Ausdruck bringen (im Einzelfall können zahlreiche negative Einflüsse hinzukommen), aber im Allgemeinen ist die Waage das Sternzeichen der geistigen Liebe, die für Schönheit, Poesie und Musik empfänglich ist. Die Liebe des Stiers muss berühren und schmecken, während die Liebe der Waage sich mit Zuhören und Betrachten zufrieden gibt.

Stier und Waage müssen jedoch in Bezug auf
die ihnen gegenüberliegenden Sternzeichen hin
untersucht werden; das heißt, den Skorpion, der
dem Stier gegenüberliegt und den Widder, der der
Waage gegenüber liegt. Der Skorpion wird mit
den Geschlechtsorganen in Verbindung gebracht,
was die Sinnlichkeit des gegenüberliegenden
Stiers noch mehr unterstreicht. Der Skorpion ver-
tritt außerdem das achte astrologische Haus, das
Haus des Todes, was deutlich zeigt, dass sich in
die primitive Liebe, in der der Mensch wahllos
alles verschlingt, Todeskeime einschleichen, die
sich zunächst in Diskussionen und Meinungsver-
schiedenheiten äußern und später in Kriegen, Auf-
ständen und Zerstörungen. Die Waage dagegen ist
mit dem Widder verbunden. Er stellt den Kopf dar,
das heißt Kühnheit und Mut, er will weiterkommen, forschen, zum Gipfel aufsteigen, sich selbst
übertreffen und sich aufopfern. Christus wird oft
als Lamm dargestellt, manchmal auch als Widder. Der Widder entspricht dem Kopf und handelt
maßvoll, weise und vernünftig, anstatt sich leiden-
schaftlich gehen zu lassen. Er steht für das Kei-
men, das Wachstum, für alles Lebendige. Sobald
eine Pflanze wächst, hat sie bereits einen Lichtim-
puls erhalten, sie hat eine Auswahl getroffen: Die
Elemente des Todes werden ausgeschieden und
das Leben sprudelt und kreist in ihr.

Der mit der Waage verbundene Widder bedeutet also die vergeistigte Liebe, in der die Gedanken

aufmerksam darüber wachen, dass keine Unreinheiten eindringen. Der Widder ist das erste Stern-
bild im Tierkreis; er ist das Zeichen des Frühlings,
der Zeit, in der alles zu neuem Leben erwacht. Er
symbolisiert die Liebe, die Liebe der Sonne, die
geistige Liebe eines Eingeweihten, die sich als
Licht, Wärme und Leben verbreitet. Diese Liebe
ist rein, weil das Denken gegenwärtig ist. Die
schädlichen Elemente werden an der Grenze von
Zöllnern zurückgewiesen. Euer Denken ist wachsam, während eure Geliebte in euren Armen liegt
und ihr wisst genau, was in euch und in ihr vorgeht. Ihr verbindet euch mit den göttlichen Intel-
ligenzen, macht Entdeckungen, betretet die Sphären des Lichts und werdet stark. Sind einige kleine
Augenblicke des Sich-Vergessens, der Berauscht-
heit es wert, dafür all diese Errungenschaften, die
Stärke, Freude und Erleuchtung zu opfern?

Wenn ihr euch mit der Gottheit verbindet, bevor
ihr das Wesen, das ihr liebt, in die Arme schließt
– ebenso wie ihr den Herrn bittet, an euren Mahl-
zeiten teilzunehmen, bevor ihr euch zu Tisch setzt
–, gebt ihr ihm göttliche Elemente, die es noch nie
erhalten hat. Seine Seele wird euch ewig dankbar
sein, weil eure Liebe selbstlos war. Ihr wolltet es
erleuchten, beleben, es mit Christus und der Göttlichen Mutter verbinden, und nur diese Liebe ist
aufbauend. Ihr werdet sagen: »Ja, aber wie kann
man denn glücklich sein, wenn man Christus und
die Göttliche Mutter in seine Liebe hineinmischt?

Das ist doch unmöglich!« Im Gegenteil, ihr werdet gerade dank ihrer glücklich sein, weil eure Liebe dadurch andauert. Es gibt dann keine Bitterkeit, keinen Überdruss, keine Eifersucht und keine Sorgen mehr, denn nur die uneigennützige Liebe bringt keine Unruhe. Andernfalls ergeht es euch wie einem Dieb, der irgendwo Geld gestohlen hat. Im ersten Augenblick jubiliert er, aber bald fragt er sich unaufhörlich: »Hat mich auch keiner gesehen? Ist man mir auf den Fersen? Wird man mich erwischen?« Und dann ist es mit seiner Ruhe vorbei. Auch bei der egoistischen, niederen Liebe hat man keine Ruhe mehr. Jetzt kommt bestimmt der Einwand: »Doch, ich bin völlig ruhig!« Dann ist man eben wie ein Tier. Die Tiere sind immer ruhig. Seht einmal, mit welcher Ruhe die Katze sich den Schnurrbart leckt, nachdem sie eine Maus verspeist hat! Wenn man aber ein klein wenig weiter entwickelt ist, kann man diese Art Ruhe nicht beibehalten.

Ihr werdet sagen, dass ich etwas Unmögliches von euch verlange. Ja, ich weiß. Aber allein schon durch das Wissen um die Wahrheit und die ideale Lösung eines Problems macht man Fortschritte, auch wenn man es noch nicht so recht verwirklicht. Sobald man eine Wahrheit kennt, wirkt sie bereits im Inneren, und man nähert sich ihr immer mehr an. Wenn man sie jedoch nicht kennt, wird man sie natürlich auch nie erreichen. Wenn man sie aber kennt, hat man den halben Weg schon geschafft, denn man ist mit dem idealen, poetischen Bild der Vollkommenheit verbunden. Seht ihr, das sind großartige Aussichten für euch, obgleich noch viele andere Punkte zu erläutern wären.

Die kommenden Generationen werden sich der Frage der Liebe stellen müssen. Alle anderen Themen verblassen daneben, und jeder wird sich nur mit dieser lebenswichtigen Frage der Liebe beschäftigen, wie man lieben soll, wie man durch die Kraft der Liebe ein göttliches Wesen wird. Denn die Liebe ist Gott, Gott ist Liebe. Wenn der Mensch die richtige Beziehung zur Liebe hat, hat er auch die richtige Beziehung zu Gott.

II

Wenn man jemanden liebt, fragt man sich nie, wie man ihn liebt. Man sagt nur: »Ich liebe ihn, ich liebe ihn...« Gewiss, man liebt ihn, daran zweifelt keiner. Aber man fragt nie, welcher Natur diese Liebe ist; denn alle möglichen Begierden, Verlangen, Bedürfnisse oder Gelüste werden Liebe genannt. Sobald das Gefühl im Spiel ist, muss man ihm nachgeben; sogar das Denken ist dann verboten. Der Verstand hat zu schweigen, denn wenn das Herz liebt, hat der Verstand kein Stimmrecht. Das Herz sagt zu ihm: »Sei still, jetzt rede ich, die Liebe spricht, was hast du schon zu sagen!« Wenn Verstand und Gefühl jedoch zusammenarbeiten würden, könnte die Liebe sich in viel schöneren Formen und Farben äußern.

Je weniger ein Mensch entwickelt ist, desto eher folgt er seinem Liebesdrang, ohne zu analysieren, ob dieser selbstlos, rein oder nützlich ist. Da er ja liebt, braucht er nicht mehr nachzudenken. Deshalb gibt es so viele Romane, Theaterstücke und Filme über Liebesabenteuer. Was würden übrigens Schriftsteller, Dichter, Dramatiker oder auch Journalisten tun, wenn sie diese so aufregenden Themen nicht hätten? Die Liebe gibt ihnen so viel Stoff, so viele wunderbare Gelegenheiten, sich mit Verzweiflung, Rache und Mord zu beschäftigen!... Sie ist ein interessantes, ergiebiges und amüsantes Thema; sie gibt vielen Menschen Arbeit; sogar dem Schreiner, der den Sarg herstellt oder den Feuerwehrleuten. Irgendjemand hat sein Verlangen nicht befriedigen können; aus Rache steckt er etwas in Brand – und schon hört man Sirenen und Hupen: »Tatü tata«, jeder springt zur Seite, um die Feuerwehr durchzulassen, die einen Brand löschen soll, den ein verliebter Dummkopf gelegt hat!

In den bedeutendsten Einweihungsstätten und Geheimlehren der Vergangenheit wurde gelehrt, dass die Liebe der einzige Weg zur wahren Vervollkommnung und Befreiung ist. Und was sieht man heute? Das genaue Gegenteil. Die Menschen erniedrigen und begrenzen sich durch die Art und Weise, wie sie die Liebe verstehen und äußern; wenn sie etwas von ihr lernen, dann nur alles, was mit der Hölle, mit Qualen, Eifersucht und Auflehnung zu tun hat. Ja, sie lernen daraus – doch nur Negatives. Denn jeder denkt nur an sich selbst, sucht nur nach seiner eigenen Befriedigung und kümmert sich nicht darum, was aus dem anderen wird. Man zerstört ihn, bringt sein Leben in Unordnung, ruiniert seine Zukunft, seine Schönheit, seine Ehre oder seine Stellung. Aber was macht das schon, solange man seinen Hunger stillen kann. So ist die Welt!

Haben die Menschen die Dinge überdacht? Haben sie sich von der Einweihungswissenschaft belehren lassen, um die Natur ihres Bedürfnisses unterscheiden zu können, seinen Schwingungsgrad und die Kategorie, in die man es einordnen muss: ob es göttlich oder menschlich ist, ob es der Hölle angehört, ob es egoistisch, selbstlos, schön oder hässlich ist...? Nein, sie haben ein Bedürfnis, das ist alles, was sie interessiert. Sie benehmen sich also noch wie Tiere, ja, weit schlimmer, denn die Tiere folgen dem Instinkt ihrer Art, und das nur zu bestimmten Jahreszeiten. Die Menschen sind dagegen Tag und Nacht von ihrer Sinnlichkeit besessen, bis hin zu lasterhaften, schamlosen Formen, die die Natur gar nicht vorgesehen hat.

Wenn der Mann richtig handeln will, muss er nachdenken, sich Fragen stellen und sich analysieren. Er wird sich sagen: »Ich liebe dieses Mädchen, das ist klar, aber was bringt ihr meine Liebe? Helfe ich ihr in ihrer Entwicklung? Helfe ich ihr, freier zu werden oder verkompliziere ich ihr Leben?« Aber er denkt nicht nach, und wenn dann das Kind da ist, verlässt er sie, ohne sich darum zu kümmern, wie sie wohl allein das Kind aufzieht. Und denkt ein Mädchen seinerseits immer an die Zukunft des jungen Mannes, den sie zu verführen versucht? Sie entfesselt in ihm die niedrigsten Instinkte – denn Frauen haben magische Kräfte, die selbst im kaltherzigsten Mann etwas erwecken – und dann hat der Ärmste nie wieder Ruhe. Aber das ist ihr ganz egal, sie ist stolz auf ihren Triumph, denn das beweist ihr, dass sie anziehend wirkt.

Die geistigen Schüler lernen, mehr an ihren Partner zu denken. Da sie im Übrigen über die Gesetze der Reinkarnation und des Karmas unterrichtet sind, wissen sie, dass sie wieder auf die Erde zurückkommen und ihre Fehler wieder gutmachen müssen, und das sehr oft unter großen Leiden, wenn sie in diesem Leben nicht richtig handeln. Allein schon um größeres Leid zu vermeiden, versuchen sie deshalb, ihren Mann oder ihre Frau auf selbstlosere und edlere Weise zu lieben, anstatt den anderen unablässig kaputtmachen, unterdrücken, beherrschen und ausnutzen zu wollen: nur kein Verständnis aufbringen, nur keine Zugeständnisse machen. Ein erstaunlicher Egoismus! Die Frau will sich nie in die Lage ihres Mannes versetzen, ständig fordert, kritisiert und zankt sie... Er dagegen will ihr alles nehmen, sie ausnutzen und unterdrücken...

Männer und Frauen sollten sich bemühen, sich zu verstehen und sich gegenseitig zu achten, denn sie haben eine gemeinsame Arbeit zu machen. Der Mann sollte sich ständig fragen: »Ist meine Frau auch glücklich, fehlt ihr nichts, habe ich ihr auch nichts versprochen, was ich nicht gehalten habe?« Die Frau sollte sich die gleichen Fragen stellen. Wenn beide sich daran gewöhnen würden, für nur einige Minuten ihre eigenen Ansichten und Vorurteile beiseite zu lassen, würde ihnen vieles offenbart werden! Ihr Horizont würde sich erweitern und ein außergewöhnliches Tätigkeitsfeld vor ihnen entstehen...

Ansonsten lasst mich in Ruhe mit den Ehemännern und Ehefrauen! Sie haben alle die gleiche Tendenz zum Besitzen, Behalten, Unterjochen. Deshalb ist es in manchen Fällen ratsamer, nicht zu heiraten. Man ist dann frei, eine Arbeit zu machen und anstatt nur eine einzige Frau glücklich zu machen (was übrigens unmöglich ist), macht man die ganze Menschheit glücklich. Ihr fragt: »Wieso soll man eine Frau nicht glücklich machen können?« Nein, es ist leichter, die ganze Welt glücklich zu machen, als eine einzige Frau. Warum? Weil eine Frau nie zufrieden ist, was ihr auch für sie tut. Nach dem Tod ihres Mannes erkennt sie vielleicht seine guten Eigenschaften, aber solange der Ärmste lebt, ist er ein Dummkopf, ein Versager, und der Nachbar macht es immer besser. Er kauft seiner Frau alles: ein Auto, einen Kühlschrank, eine Waschmaschine, Schmuck und Pelze. Selbst wenn ihr euch vierteilt, könnt ihr eine Frau nicht zufrieden stellen!

Denkt nun nicht, dass ihr euch von eurem Mann oder von eurer Frau trennen sollt. »Nun, aber aus dem, was Sie uns da erzählen, könnte man einen solchen Schluss ziehen.« Nein, ganz und gar nicht. Es ist gut zu heiraten und Kinder zu bekommen, aber man sollte die Dinge richtig sehen. Die Frau sollte ihren Mann als einen Aspekt des Himmlischen Vaters betrachten, der im Augenblick natürlich noch ein bisschen unbeholfen und verformt ist, doch anstatt sich ständig über ihn zu beklagen, sollte sie diese Vorstellung vor Augen haben. So kann sie dann seine Unvollkommenheiten leichter ertragen und glücklich leben in der Hoffnung, dass er eines Tages tatsächlich eine Gottheit wird. Bevor diese wunderbare Zukunft Wirklichkeit wird, muss sie natürlich einige Unannehmlichkeiten ertragen. Aber sie sollte sich sagen: »Wenn ich ausgerechnet an diesen Mann geraten bin, habe ich ihn aufgrund meiner früheren Inkarnationen auch verdient, denn es gibt eine Gerechtigkeit in der Welt. Ich muss ihn also in diesem Leben annehmen, das ist eine gute Gelegenheit, etwas zu lernen und mich zu verändern.« Auf diese Weise begleicht sie ihre alten Schulden, anstatt sich neue aufzubürden. Wenn sie sich dagegen falsch verhält, vergrößert sie ihre Schuld und wird denselben Mann in einer späteren Inkarnation wieder treffen, um ihre Schulden auf die eine oder andere Art zu begleichen.

Es lohnt sich also, diese Lebensanschauung zu akzeptieren, um sich zu befreien. Auch der Mann kann sich fragen: »Warum bin ich gerade an diese geraten, wo es doch zwei Milliarden Frauen gibt?« Nach einigem Nachdenken wird er feststellen, dass dies kein Zufall war. Es gab doch so viele andere Frauen... Aber nein, gerade diese! Nun, dank dieser Frau wird er eine innere Arbeit leisten, die bestimmte Qualitäten und Tugenden in ihm entwickelt. Ihr seht, man denkt nicht so, weil man nichts von der Reinkarnation, dem Gesetz von Ursache und Wirkung und dem Karma weiß.

Man muss noch hinzufügen, dass die Frau, die ihren Mann als eine Offenbarung des Himmlischen Vaters betrachtet, ihn dadurch auf magische Weise an den Himmlischen Vater bindet. Ihr meint, dass dies keine Folgen hat? Nun, da täuscht ihr euch, denn im selben Augenblick beginnen die Eigenschaften des Himmlischen Vaters in den Mann einzuströmen und er ändert sich, obwohl er selbst nicht weiß warum. Eben weil die Frau ihn mit ihrer Liebe und den Worten: »Oh, wie schön, wie klug, wie weise du bist!« mit dem Himmlischen Vater verbindet. Er besitzt vielleicht keine dieser Eigenschaften, aber ihre Worte arbeiten in seinem Kopf und er strengt sich an, um sie nicht zu enttäuschen. Durch ihre Anstrengungen verändert sich diese aufgeklärte Frau so selbst zum Guten, und gleichzeitig wandelt sie ihren Mann.

In der Vergangenheit gab es weit weniger Scheidungen. Heutzutage können die Paare kaum ein paar Monate zusammen bleiben. Sie sind zu

selbstbezogen, zu egoistisch, jeder will alles für
sich haben, und wenn dies so weitergeht, wird es in
den Familien bald keinerlei Stabilität mehr geben.
Die Ehepaare sollten sich nicht unüberlegt trennen,
denn oft gibt es andere Lösungen, als sich zu trennen. Und wer nicht verheiratet ist, sollte es nicht so
eilig haben, sich zu binden. Er sollte zunächst die
Frage gut durchdenken, denn wenn man erst einmal verheiratet ist, ist es besser, sich nicht scheiden zu lassen. Man sollte lernen, ein beispielhaftes
Familienleben in Harmonie und Liebe zu führen.

Vor einiger Zeit suchte mich ein Paar auf. Der
Mann war bereits verheiratet, hatte zwei Kinder
und wollte sich scheiden lassen, um seine junge
Begleiterin zu heiraten. Ich sagte ihm: »Sie müssen wissen, dass es zwei Wege gibt: Der eine ist
der des Vergnügens und der persönlichen Befriedigung, auf dem man sich nicht um die anderen kümmert. Wenn Sie diesen Weg einschlagen – angeblich um glücklich zu sein –, sind Sie gezwungen,
gewisse Gesetze zu übertreten. Wenn Sie den Weg
der schwachen, egoistischen und sinnlichen Menschen gehen, laden Sie sich Schulden auf und werden später bereuen, Ihre Zukunft auf dem Unglück
anderer aufgebaut zu haben. Letztendlich werden
Sie weder glücklich noch zufrieden sein, denn
wenn Sie das Ersehnte erreicht haben, werden Sie
kurz darauf schon genug davon haben, und dann
kommt die Reue. Deshalb rate ich Ihnen, den ande-

ren Weg einzuschlagen: den der inneren Größe, der Aufopferung, des Verzichts, den göttlichen Weg, den viele gingen und dabei zu bemerkenswerten Menschen wurden. Auf dem lichtvollen Pfad der Pflicht und der Erfüllung des göttlichen Willens werden Sie beobachten, nachdenken, kämpfen und lernen, diese Zwiespältigkeit, dieses Verlangen zu überwinden. Sie werden Herr der Lage sein, in Frieden leben, über Ihre Siege glücklich sein.«

Der jungen Frau dagegen sagte ich: »Das ist doch nicht möglich! Unter zwei Milliarden Männern, die auf der Erde leben, haben Sie keinen finden können, der nicht verheiratet ist? Warum sind Sie versessen auf einen Mann, der bereits gebunden ist, um damit eine ganze Familie zu zerstören? Werden Sie eines Tages stolz darauf sein? Sie hätten ihn in Ruhe lassen sollen.« – »Aber wir lieben uns!« – »Ja, das kenne ich, aber mit dieser Art von Liebe sollte man Schluss machen!«

Ich erklärte dem Mann außerdem: »Wenn Sie Ihrem Verlangen nachgeben, müssen Sie in einer späteren Inkarnation Ihre Schuld bei Ihrer Frau begleichen. Angenommen, Ihre Frau leidet unter dieser unverdienten Trennung. Glauben Sie, das Schicksal lässt Sie dann ungestraft davonkommen? Das sind Schulden, die beglichen werden müssen; und es lohnt sich nicht, sich so zu überlasten. Sie werden hier in einer Lehre unterrichtet, im Licht, man gibt Ihnen alles Wissen, um Ihnen aus Ihrer Lage herauszuhelfen und Sie wollen es unbeachtet lassen? Wenn Sie nicht in dieser Schule wären, könnte ich verstehen, dass Sie die gleichen Dummheiten machen, wie alle anderen, Sie wären entschuldigt. Aber Sie sind nicht zu entschuldigen, denn Sie haben den außergewöhnlichen Vorteil, die Mittel zu kennen, um richtig zu handeln.«

Abschließend habe ich mich an beide gewandt: »Nun müssen Sie wählen. Wenn Sie den verlockenden Weg einschlagen, kann ich Ihnen Punkt für Punkt sagen, was Sie erwartet...« Als sie mich verließen, waren sie entschlossen, meinen Rat zu befolgen. Das war wunderbar, denn ich hatte es gar nicht erwartet. Ich bat den Mann, einmal seine Frau mitzubringen, denn ich kenne Methoden, um derartige Situationen zu lösen. Dazu war jedoch die Anwesenheit seiner Frau notwendig.

Jeder kennt solche zwiespältigen Gefühle. Überall sieht man Ehebrüche und betrogene Männer und Frauen und keiner denkt daran, dass er sich ein schweres Karma aufbürdet, wenn er den anderen leiden lässt, und dass er sich wieder inkarnieren muss, um alles wiedergutzumachen. Bevor man den unsteten Gefühlsregungen seiner niederen Natur nachgibt, sollte man nachdenken und sich unterrichten.

Manche sind natürlich überzeugt, dass sie sich tadellos verhalten und für alle Ewigkeit so weitermachen können. Vergnügt leben sie so weiter, denn es ist nicht zu bestreiten, dass man beim Essen,

Trinken und allen Vergnügen ein gewisses Behagen empfindet. Aber alles andere, die himmlische Dimension fehlt... Wer wirklich weiterkommen will, sollte sich die Frage stellen: »Wie liebe ich? Welcher Natur ist meine Liebe? Welche Wünsche, welches Verlangen habe ich?« Er sollte versuchen, den Elan, der ihn bewegt, höher hinaufzuheben, bis zu den feinsten und lichtvollsten Ausdrucksformen, damit er endlich das ewige Leben kennen lernt.

VI

NUR DIE GEISTIGE LIEBE
SCHÜTZT DIE MENSCHLICHE LIEBE

I

Obwohl viele Ehen scheitern, hoffen Männer und Frauen aus tiefster Seele allen Widrigkeiten zum Trotz, eines Tages ihre Schwesterseele zu finden und das wahre himmlische Glück und die Fülle erleben zu dürfen. Woher kommt ihre Hoffnung? Sie kommt aus dem in jedem Wesen tief vergrabenen Wissen, dass sich das männliche und weibliche Prinzip oben in der göttlichen Welt in strahlendster Reinheit und herrlicher Pracht vereinigen. Männer und Frauen finden deshalb nicht, was sie suchen, weil sie sich zu tief unten vereinigen. Manchmal kosten sie zwar eine Sekunde lang ein Gefühl der Ekstase, der absoluten Einheit, aber leider kommt dies nur selten vor. Letztendlich müssen sie immer erkennen, dass sie zwei verschiedene, voneinander getrennte Wesen sind, und dass ihre Hoffnung nur eine Illusion war. Ihre Enttäuschung zeigt, dass sie nicht verstanden haben, was die wahre Ehe bedeutet, dass nämlich Mann und Frau sich mit Seele und Geist in Reinheit und Licht vereinigen. Unter dieser Bedingung ist das Glück möglich, und all ihre Hoffnungen erfüllen sich voll und ganz.

Diese Wahrheiten sind tief im Menschen verankert, also sind nicht ihr Glaube und ihre Hoffnungen falsch, sondern die Art ihrer Suche. Ihr Irrtum besteht darin, vergessen zu haben, dass es im Universum eine göttliche Intelligenz von unvergleichlicher Güte, Großzügigkeit und Liebe gibt, die uns alles gegeben hat: das Leben, den Körper, Gesundheit, Nahrung, Wasser, die Luft, die Sonne, Blumen, Früchte und so unendlich viele Schätze, dass man sie gar nicht alle aufzählen kann. Aber dieser Urgrund allen Seins, dieses göttliche Wesen – das uns stützt und bereit ist, uns das ewige Leben, Wissen, Macht und den endgültigen Sieg zu schenken – das vergisst der Mensch. Er bildet sich ein, sein Glück, seine Kraft, seine Gesundheit und die völlige Befriedigung in einem begrenzten, unwissenden, schwachen, armseligen und kränklichen Geschöpf aus Fleisch und Blut finden zu können. Was ist im Kopf der Menschen geschehen, dass sie mit allen Kräften, von ganzem Herzen und mit so großer Überzeugung ein schwaches Geschöpf lieben, das ihnen nur Leid, Reue und Belastung bringt? Wie haben sie das Wesentliche so weit vergessen können?

Jetzt werdet ihr natürlich alle möglichen Einwände vorbringen: »Dieses göttliche Wesen, von dem Sie sprechen, ist so weit weg! Es ist genauso, als würde es gar nicht existieren: Man kann es nicht sehen, nicht hören, nicht berühren; dagegen kann man ein gut gekleidetes, schön geschminktes, parfümiertes und sehr reelles menschliches Wesen sehen, berühren und streicheln.« Ich weiß im Voraus, wie ihr mir erklären werdet, warum ihr lieber mit einem begrenzten, armseligen und unwissenden Wesen euer Leben ausfüllt, als mit dem Schöpfer aller Welten. Ihr denkt nicht daran, dass sogar eure Seele und euer Geist von diesem bevorzugten Wesen, das ihr in euer Herz geschlossen habt, beeinflusst werden.

Versteht mich richtig, ich habe nie gesagt, dass ihr keinen Mann oder keine Frau lieben sollt, sondern nur, dass ihr sie nicht an die erste Stelle setzen sollt. Wenn ihr den Herrn ins Herz geschlossen habt und danach irgendwo auf der physischen Ebene, in eurem Bett etwa, noch ein wenig Platz übrig bleibt, könnt ihr durch einen anderen Menschen eure Einsamkeit beenden. Als Erstes aber soll man das Wesen aller Wesen – das alles verteilt – anerkennen, lieben und schätzen. In eurer Seele soll als Erstes die Herrlichkeit aller Herrlichkeiten, das Licht allen Lichtes wohnen, dann könnt ihr, wenn ihr wollt, einen anderen Menschen lieben, dagegen gibt es nichts einzuwenden. Aber setzt nie einen Mann oder eine Frau an die erste Stelle, denn dann geht alles drunter und drüber!

Ein wahrhaft spiritueller Mensch räumt dem Herrn in seinem Herz, seiner Seele, seinem Verstand und seinem Geist den ersten Platz ein; dann sucht er ein Geschöpf, das ihn am meisten an den Herrn erinnert und bleibt bei ihm. Er betrachtet dieses Wesen als Mitarbeiter auf der physischen Ebene, denn er fühlt, dass etwas von ihm ausgeht, das ihn der göttlichen Quelle näher bringt; es ist ein Bote, der vom Himmel erzählt. Ja, in diesem Fall sieht alles anders aus. Aber sich in jemanden zu verlieben, der euch nicht an den Herrn erinnert, euch nicht erhellt, läutert oder erhebt und euch obendrein noch Unordnung, Eifersucht, Grausamkeit und Zerstörung beschert, das ist völlig sinnlos. Ich habe viele Menschen sich an einen Partner binden sehen, der sie vom Himmel trennte und daran hinderte, sich mit der göttlichen Welt zu verbinden, zu beten, zu meditieren oder Gutes zu tun. Blind ließen sie sich von ihm beeinflussen, ohne zu erkennen, in welchen Abgrund sie nach kurzer Zeit stürzen würden... Ja, man hat kein Unterscheidungsvermögen, keine Kriterien! Ich habe nichts gegen die Ehe, gegen Verbindungen, Freundschaften oder Beziehungen, aber bevor man sich bindet, sollte man einige Kenntnisse besitzen. Was für eine Dummheit ist es, die Quelle der Liebe zu vergessen, an der man Tag und Nacht seinen Durst löschen kann, um sich endlich erfüllt zu fühlen und nichts zu unternehmen, um sich mit ihr zu verbinden, aber statt dessen aus Sümpfen und winzigen Pfützen zu schöpfen in der Hoffnung auf Entzücken und Fülle!

Wenn man in der Einweihungslehre unterrichtet ist, wenn man an der unerschöpflichen Quelle des Lichts, der Liebe, der Güte und der Großzügigkeit zu trinken weiß, dann kann man andere Geschöpfe aufsuchen, um ihnen zu helfen, ihnen Licht zu bringen und sie zu beleben. Aber es ist völlig unbegreiflich, dass man die göttliche Realität ignoriert und sich von ihr abtrennt, um sich in Sumpfgebiete zu begeben, wo es von Kaulquappen und allem möglichen Getier nur so wimmelt. Doch gerade das tun die meisten Menschen. Sie denken nur daran, im Sumpf zu versinken und hinterher raufen sie sich die Haare, jammern und versuchen, sich zu befreien, ohne wirklich zu wissen wie, und am Ende schlagen sie sich und bringen sich gegenseitig um.

Bevor man beschließt, sein eigenes Leben aufzubauen, sollte man bei jenen, die Bescheid wissen, lernen. Stattdessen bleibt man unwissend und stürzt sich in leidenschaftliche und dumme Abenteuer, weil alle es tun. Warum ahmt man immer die anderen nach? Wenn man so handelt wie alle anderen, hat man auch den gleichen Ärger wie alle anderen und ist genauso unglücklich, elend und krank wie sie. Ist dies ein wunderbares Leben?... Man sollte nicht jeden nachahmen, sondern dem Rat der wenigen Eingeweihten folgen, die auf der Erde gelebt haben und die den Sinn des Lebens, Licht, Wahrheit, Freiheit und Frieden gefunden

haben. Diese Wesen können euch helfen, denn sie
kennen die Methoden und verfügen über entsprechende Mittel.

Denkt also daran: Solange ihr die Liebe nicht
an der Quelle sucht und euch mit einigen zufällig
aufgefangenen Tropfen zufrieden gebt, die weder
besonders klar noch besonders rein sind, werdet
ihr unglücklich sein und die wahre Liebe nicht finden. Wenn ihr die Liebe jedoch dort sucht, wo es
sie gibt, in der himmlischen Welt, in Gott selbst,
dann wird sie stets bei euch sein und euch nähren.
Dann werdet ihr sie fühlen, trinken, essen und ständig von ihr erfüllt sein. Erstaunt sagt ihr euch dann:
»Wie kommt es, dass diese Liebe in mir aufstrahlt,
wo ich doch weder Frau noch Kinder habe?«

Trinkt die Liebe zuerst an der göttlichen Quelle;
wenn ihr wollt, könnt ihr dann suchen, ob sich
irgendwo sonst noch einige Tropfen dieser Liebe
abgesetzt haben; aber im Vergleich zur Quelle ist
dies so mager, so armselig. Was kann man schon
mit einigen Tautropfen anfangen? Ihr antwortet:
»Sie trinken, sich an ihnen erquicken!« Gut, und
wenn ihr am nächsten Tag neue Tropfen sucht, sind
keine mehr da. Ihr glaubt, die Liebe gefunden zu
haben, weil ein Mädchen euch einmal angelächelt,
geküsst und euch ewige Liebe geschworen hat.
Aber am nächsten Tag lässt sie euch abblitzen, weil
sie einen anderen gefunden hat. Die menschliche
Liebe ist so unstet! Deshalb trinken die Eingeweihten direkt an der unerschöpflichen Quelle der

göttlichen Liebe. Jeden Tag trinken sie sich ohne Unterlass so satt, dass sie den Durst der anderen stillen können. Warum vergisst man diesen unerschöpflichen Reichtum und bettelt irgendwo um ein bisschen Liebe, ein paar Worte, einen Blick, ein Lächeln, einen Kuss und glaubt, darin die Erfüllung zu finden? Für heute seid ihr satt, aber morgen habt ihr aufs Neue Hunger und Durst...

Nun erzählt mir nicht zu eurer Rechtfertigung, dass ihr Liebe braucht! Meint ihr, dass ihr die Einzigen seid? Glaubt ihr, dass ich keine brauche? Vielleicht habe ich sie sogar nötiger als ihr. Nur besteht zwischen euch und mir ein ganz kleiner Unterschied: Ich habe gelernt, die Liebe zu suchen und zu finden, ihr dagegen nicht. Das ist ein winziger, unbedeutender Unterschied, der aber alles verändert!

Warum sich an Menschen binden, die weder Licht, noch Glauben, noch Hoffnung, noch Liebe zu Gott haben und Steinen gleichen? Später wird man selbst wie ein Stein. Was können zwei Steine schon miteinander anfangen? Auf jeden Fall kein Haus bauen. Sie können nur gegeneinander stoßen auf Grund von Witterungseinflüssen, und vielleicht leuchten von Zeit zu Zeit ein paar Funken auf, aber das ist alles. Bevor man sich an einen Menschen bindet, sollte man prüfen, was er im Kopf und in der Seele trägt. Wenn er dort nichts Besonderes aufweisen kann, bindet euch nicht an ihn – es sei denn, ihr habt unendlich viel Vertrauen, Hoffnung, Liebe, Wärme, Güte, Geduld und guten

Willen. Wenn dies der Fall ist, bindet euch, heiratet; aber nicht um von diesem gewöhnlichen, erloschenen Geschöpf etwas zu erwarten, sondern um ihm neues Leben zu geben, ihm zu helfen und es zu erleuchten. Ja, dann ist euer Verhalten göttlich.

Im Allgemeinen heiratet man jedoch leider nicht aus diesem Grund. Auch wenn der andere innerlich arm ist, will man ihm noch etwas nehmen; man will sich selbst absichern, sich selbst schützen und so sind beide bald doppelt so arm. Überlegt also: Wenn ihr wirklich ein Opfer bringen wollt und ausreichend gerüstet seid, um allem standzuhalten, dann heiratet; euer Opfer wird in Betracht gezogen und euer Name ins Buch des Lebens eingetragen. Wenn die unsichtbare Welt sieht, dass ihr etwas geben wollt, ohne etwas dafür zu erwarten, ist sie begeistert; für euren Partner bedeutet dies einen Segen, denn ihr belebt, erleuchtet, läutert ihn und verbessert sein Leben. Ein solches Handeln ist erhaben, edel und groß. Diese Großzügigkeit und Opferbereitschaft findet man hauptsächlich bei Frauen. Unglücklicherweise ist der Wunsch, jemanden zu retten, nicht ausreichend und oft scheitern sie, weil sie weder Wissen, noch Methoden, noch die körperliche Widerstandskraft besitzen. Ohne Wissen, Mittel und Methoden kann man einen Alkoholiker oder einen Drogenabhängigen nicht retten; sonst würde er der Stärkere sein, und außer dass er sich nicht ändert, auch noch seine Frau zerstören. Wie oft sind Frauen, die es gut gemeint hatten und einen Mann vom Trinken abbringen wollten, am Ende vor Kummer gestorben! Der Mann verbrachte seine Nächte im Lokal, und wenn er nach Hause kam, schlug er sie. Es ist nicht so einfach, jemanden zu retten. Man muss sehr stark sein, um allem zu widerstehen und bis zum Sieg weiterzumachen. Überschätzt eure Fähigkeiten nicht; prüft eure Kräfte, und wenn ihr feststellt, dass ihr nicht stark genug seid, bindet euch nicht. Begnügt euch dann damit, den Himmel zu bitten, dem unglücklichen Geschöpf zu helfen, das ihr liebt. Wenn man sich selbst für jemanden einsetzen will, muss man standfest sein, und wenn man nicht über die nötigen Mittel verfügt, sollte man sich lieber nicht auf so etwas einlassen. Denkt über alles, was ich euch sage, sorgfältig nach, denn bei einem so wichtigen Thema wie Liebe und Ehe sollte man unbedingt klar sehen. Gerade in diesem Bereich fällt und scheitert man oft und verliert seine ganze himmlische Erbschaft. Man sollte also richtig denken. Zuallererst müsst ihr die Liebe suchen, die Gott selbst ist, und sie für immer in euch verankern; wenn ihr euch dann für fähig haltet, jemandem zu helfen, könnt ihr die Liebe auch auf der physischen Ebene suchen, aber ihr dürft nie von ihr abhängig werden.

Wenn eure Einstellung zur Frage der Liebe zutreffend und richtig ist, könnt ihr mit den Kräften des Lichts zusammenarbeiten. Ein gutes Verständnis der Liebe ist für eure Zukunft absolut unentbehrlich. Auch wenn ihr den Zusammenhang nicht seht, sehe ich ihn doch klar und deutlich. Von eurer Einstellung zur Liebe hängt eure Zukunft ab.

II

Ein Mann und eine Frau, die einander lieben, sollten sich bewusst sein, dass sie Teil eines großen Ganzen sind, das sie ständig nährt und versorgt; andernfalls begrenzen sie sich, und diese Begrenzung wirkt sich sehr nachteilig auf ihre Liebe aus. Jeder ist wie eine Flasche, aus der der andere trinkt, und wenn sie nicht mit der göttlichen Quelle verbunden sind, werden sie sich bald trennen müssen, weil jeder den Inhalt des anderen aufgebraucht hat und was kann man schon mit einer leer getrunkenen Flasche anderes tun als sie wegzuwerfen? Damit die Flasche nie leer wird, muss man sie an die kosmische Quelle anschließen, dann hat man immer zu trinken, und die Liebe nimmt nie ein Ende.

Hier wirkt das magische Gesetz der Verbindung. Stellt euch vor, dass der Mensch, den ihr liebt, ein einzigartiges Geschöpf ist und es von euch abhängt, ihn mit der Quelle zu verbinden. Die Frau sollte ihren Liebsten als einen Aspekt des Himmlischen Vaters ansehen, und der Mann seine Liebste als einen Aspekt der Göttlichen Mutter. So wird durch diese Betrachtungsweise beider Kontakt zur Quelle aufrechterhalten, und großartige Energien überfluten und erfüllen sie. Die Liebe macht alles möglich; aber da ihr nicht aufgeklärt seid, klammert ihr euch an den geliebten Menschen, anstatt ihn mit dem Himmel zu verbinden und wisst nicht, dass ihr ihn so an die Hölle bindet und ihn zerstörerischen Kräften ausliefert. Mit der Zeit merkt ihr, dass er in Gefahr schwebt und weniger Licht ausstrahlt. Wer hat die Schuld? Warum habt ihr ihn nicht mit dem Himmel verbunden? Jetzt seid ihr besorgt und stellt euch Fragen; dabei ist es ganz eindeutig, dass ihr ihn mit den niederen Bereichen verbunden habt. Also müsst ihr ihn an die himmlischen Bereiche binden, ihn in höhere Ebenen versetzen, damit er trinken, essen und atmen kann. Und wenn es ihm gelingt, dies auch mit euch zu machen, dann seid ihr keine Flaschen mehr, sondern werdet selbst zu Quellen.

Nichts ist wichtiger als Freundschaft, Liebe und Zuneigung; und gerade auf diesem Gebiet braucht man die meiste Klarheit. Wenn man jemanden liebt, darf man nicht so sehr an sich selbst denken; denn dann vergisst man alles Göttliche und Heilige und zieht den geliebten Menschen in die niederen Bereiche der eigenen Wünsche und Begierden hinab. Liebe heißt aber im Gegenteil, Opfer bringen, über sich selbst hinauswachsen, etwas Großes für den Geliebten tun – und nichts ist erhabener, als ihn mit der Quelle zu verbinden.

Wenn ihr euch von nun an dem geliebten Wesen nähert, um es in eure Arme zu schließen, dann denkt daran, es in den Himmel zu erheben und es mit den erhabensten Wesen zu verbinden. Und anstatt seine Geliebte beim Namen zu nennen: »Johanna, Caroline usw...« sollte der Mann sich mit Hilfe des geliebten Menschen an die Göttliche Mutter und die Frau sich an den Himmlischen Vater wenden. Anstatt ihre Beziehungen auf die niederen Bereiche zu beschränken, wo alle möglichen Unreinheiten aufgenommen werden können, verbinden Mann und Frau sich so mit der Quelle – die Gott ist – und gleichen Lampen, die unaufhörlich Licht verstrahlen. Man sollte sich immer mit der Quelle der Vollkommenheit verbinden.

Ein armer Trottel verspricht einem Mädchen: »Liebling, ich werde dich glücklich machen!« Wenn ihr ihn näher betrachtet, stellt ihr fest, dass er schwach, unwissend und unglücklich ist. Wie will er sie dann glücklich machen? Anstatt die ihnen von Gott gegebenen Schätze – Leben, Wärme, Anwesenheit des anderen, gegenseitige Liebe, Ausstrahlung – zu ihrem eigenen Vergnügen auszunutzen, sollten Mann und Frau sie dazu verwenden, weiter zu gehen, höher zu steigen. Indem sie sich gegenseitig mit dem Himmlischen Vater und der Göttlichen Mutter verbinden, nehmen sie Kräfte aus den unerschöpflichen Reservoirs auf; sie trinken daraus reine, unvergängliche Liebe und fühlen sich erfrischt, erleuchtet, gestärkt, verjüngt und glücklich.

Auch wenn ihr irgendwo einem Unbekannten gegenübersteht, könnt ihr versuchen, ihn mit der Quelle des Lichts zu verbinden, ohne ihm irgendetwas zu sagen. Wünscht ihm, er möge das neue Leben verstehen und solch einen Frieden finden, wie er ihn noch nie zuvor gekostet hat. Seine Seele wird eure segensreichen Wünsche aufnehmen, und falls er sie nicht aufnehmen kann, kommen eure guten Gedanken zu euch zurück; denn alles, was sein Ziel nicht erreicht, kehrt zu demjenigen zurück, der es ausgesandt hat. So seid ihr den ganzen Tag sinnvoll beschäftigt, und ein Tag nach dem anderen verschönert euer Dasein. Andernfalls geht das Leben dahin und seine ganze Schönheit wird unnütz vergeudet. Für einen spirituellen Menschen gibt es viel Arbeit; es gibt Beschäftigungen, die dem Leben einen großartigen Sinn verleihen.

Vielleicht erscheint euch das, was ich euch sage, ein bisschen seltsam. Meinetwegen, aber ich wende mich nur an einige wenige, die für diese Ideen aufnahmefähig sind und sie anwenden können. Die anderen sollen ruhig so weiterlieben, wie sie es bisher getan haben. Sie werden selbst sehen, ob diese Art Liebe dauerhaft ist. Wenn ihr übrigens Ehepaare fragt, die scheinbar einig sind und sich aus verschiedenen Gründen seit dreißig oder vierzig Jahren nicht getrennt haben, werden sie euch antworten, dass sie eigentlich ganz gerne einmal den Partner gewechselt hätten; aber da dies nicht möglich war, verehrt er heimlich ein Hollywood-Sternchen und sie einen Schnulzensänger.

Wenn Mann und Frau nicht mit der Quelle verbunden sind, ist ihre Liebe nicht göttlich und kann nicht andauern. Alle sprechen von der Liebe, alle glauben sie zu kennen, aber eines schönen Tages stellen sie fest, dass sie der wahren Liebe in Wirklichkeit noch nie begegnet sind. Die wahre Liebe ist etwas Beständiges, das über den Tod hinausgeht. Hier liegt das größte Geheimnis: zu wissen, wie man durch das geliebte Wesen hindurch direkt an der Quelle seinen Durst stillen kann. Unter dieser Bedingung kann eure Liebe beständig sein, denn ihr schöpft das Leben an der Quelle. Selbst im Alter fühlt ihr euch von so frischen, reinen und lichtvollen Energien durchflutet, dass ihr stets voneinander begeistert seid. Ihr seht weder eure weißen Haare noch eure Falten, sondern nur die Seele und den Geist, die vor Schönheit und Jugend strahlen. Die anderen dagegen, die nicht an der Quelle schöpfen, fühlen sich schon mit achtzehn Jahren alt und übersättigt und trennen sich, weil in der Flasche kein einziger Tropfen mehr ist. Manchmal nehmen sie sogar die Flasche und zerschlagen sie auf dem Boden!

Es ist ein Irrtum zu glauben, die menschliche Liebe dauere ewig. Sie besteht aus einer unbeständigen, vergänglichen Materie und zerrinnt. Vertraut niemals jemandem, der euch schwört: »Ich werde dich ewig lieben!«, schon nach einem Monat ist er in jemand anderen verliebt. Überhaupt sollte man im Allgemeinen die Versprechungen der Menschen mit Vorsicht genießen. Wenn sie ein bisschen angeheitert sind, versprechen sie alles Mögliche, aber wenn sie wieder zu sich kommen, ändern sie ihre Meinung und sagen: »Ich muss in einem schlimmen Zustand gewesen sein, dass ich so etwas versprochen habe!« Was kann man unter dem Einfluss eines Gefühls nicht alles erzählen! Im Bett schwören und versprechen Liebespaare sich die unwahrscheinlichsten Dinge, aber ein paar Stunden später streiten und quälen sie sich. Wie soll man da an ein ewiges Fortdauern der menschlichen Liebe glauben? Nur die göttliche Liebe ist ewig. Wenn ihr aus dieser Liebe schöpft, werdet ihr Millionen und Milliarden Jahre lieben, ohne jemals überdrüssig, müde oder angewidert zu sein; denn diese Liebe ist die einzige, die immer wieder neu, wohltuend und köstlich ist. Mit Worten kann man das nicht ausdrücken!

VII

DER LIEBESAKT AUS DER SICHT
DER EINWEIHUNGSLEHRE

Die geschlechtlichen Beziehungen zwischen Mann und Frau sind nicht an sich schlecht. Wenn dies so wäre, warum äußerte die Natur sich dann seit Anbeginn der Schöpfung bei allen Geschöpfen auf diese Art und Weise? Wäre der Geschlechtsakt an sich verwerflich, hätte die Natur ihn nicht geduldet, und der Himmel hätte schon längst alle diejenigen ausrotten müssen, die ihn vollziehen. Nein, der Geschlechtsakt als solcher ist weder gut noch schlecht; nur die Absicht, die man ihm zugrunde legt, macht ihn kriminell oder heilig. Wir können zum Vergleich die Frage stellen: Was ist wichtiger, der Wasserhahn oder das durch ihn hindurchfließende Wasser? Der Wasserhahn ist vielleicht aus Gold, aber was nützt das, wenn das Wasser schmutzig ist. Wichtig ist also, dass das Wasser rein ist. Nun, eine schlechte Absicht gleicht schmutzigem und eine gute Absicht kristallklarem, belebendem Wasser. Es kommt also weder auf die Gesten noch auf die Organe an, sondern auf die Qualität der Energien, Emanationen und Quintessenzen, auf die Natur all der psychischen Kräfte, die von Mann und Frau während des Liebesaktes ausgehen.

Wenn ein Mann nicht an sich gearbeitet hat, um edler und reiner zu werden, wenn er egoistische und unehrliche Absichten hegt, lädt er Schuld auf sich, auch wenn er mit dem Akt selbst gewartet hat, bis er verheiratet ist. Sein Verhalten wird vielleicht gutgeheißen und allgemein gebilligt, die Familie bereitet ein Festessen, das Standesamt gibt ihm das Recht und die Kirche ihren Segen, aber die Natur verurteilt ihn. Denn was wird er seiner Frau übertragen? Krankheiten, Laster und schädliche Einflüsse, das ist alles. Auch wenn jeder sein Handeln gutheißt, sprechen die Gesetze der lebendigen Natur sich gegen ihn aus, weil er seine Frau beschmutzt. Umgekehrt macht man euch vielleicht Vorwürfe, weil ihr sexuelle Beziehungen unterhaltet, ohne verheiratet zu sein; wenn ihr jedoch die Seele der geliebten Frau mit himmlischem Segen erfüllt, sind alle Engel oben begeistert.

Gut und Böse beruhen nicht auf der Beachtung oder Nichtbeachtung von Konventionen, sondern auf der Beschaffenheit und Qualität dessen, was ihr gebt. Der Himmel kümmert sich nicht darum, ob die Vereinigung von Mann und Frau legal oder illegal ist, ihn interessiert nur, was sie sich gegenseitig für ihr Wohl, ihren Aufbau und ihre Weiterentwicklung geben. Der Himmel urteilt nach diesen Maßstäben, denn sie sind das Wesentliche. Die Menschen sollten an sich arbeiten, sich reinigen, sich in Harmonie bringen und sich vervollkommnen, damit der Himmel sich durch ihre Nachkommen äußert, wenn sie einmal welche haben. Und sogar solche Menschen, die nicht heiraten, wie die Eingeweihten, arbeiten ständig an ihrer Reinigung und Durchlichtung, um göttliche Wesen zu werden, sie kümmern sich nicht um die Meinung ihrer Umwelt, die die Unverheirateten kritisiert. Übrigens sind sie in Wirklichkeit gar nicht unverheiratet. Aber auf dieses Thema komme ich später zurück.

In Fachbüchern über Medizin, Hygiene oder Sexualerziehung findet ihr genügend Einzelheiten über die Sexualität. Es gibt eine umfangreiche Literatur zu diesem Thema, die ich aber nie durchgegangen bin; erstens, weil ich nicht die Zeit dafür habe, hauptsächlich aber, weil es mich nicht interessiert, den Geschlechtsakt ausschließlich vom anatomischen, physiologischen oder, wenn ihr wollt, »technischen« Gesichtspunkt aus zu betrachten. Diese Bücher enthalten alles – bis auf das, was ich euch enthülle, das heißt den geistigen Aspekt dieses Aktes. Denn die Liebe ist kein unterhaltsamer Zeitvertreib, sondern eine gewaltige, prachtvolle Arbeit, eine Arbeit des Wiederaufbaus, der Auferstehung und Vergöttlichung.

Die Geschlechtsorgane sind die Wurzeln des Menschen. Und wenn man davon wahllos Gebrauch macht, kann man damit dem ganzen Wesen schaden, denn die Wurzeln sind sehr wichtig – alles hängt von ihnen ab, alles kommt von ihnen her. Gerade sie geben der Gesamtpersönlichkeit Farbe und bestimmen alle Nuancen von Temperament und Charakter. Betrachtet allein schon die Unterschiede zwischen Mann und Frau. Viele Äußerungen ihres physischen, affektiven, sittlichen und intellektuellen Lebens haben ihren Ursprung, ihre Wurzeln, in den sogenannten »intimen Körperteilen«. Diese Organe stellen so etwas wie eine Zusammenfassung bei Mann und Frau dar.

So liegt es zum Beispiel in der Natur der Frau, alles sammeln und bewahren zu wollen, wohingegen der Mann seinem Wesen nach verschwenderisch ist. Jeder hat dies beobachten können, aber niemand kennt den Ursprung dieser Eigenheiten. Im Grunde ist es ganz einfach, aber die Menschen können keine Analogien herstellen. Der Charakter des Mannes und der Frau erklärt sich durch die Gestaltung ihrer Geschlechtsorgane. Die Frau bewahrt, häuft an; ihre Aufgabe liegt im Ansammeln, Bewahren und Erhalten. Natürlich gibt es auch verschwenderische Frauen, aber das sind dann keine wahren Frauen, sondern verkleidete Männer! Die kosmische Intelligenz hat der Frau also aus einem ganz bestimmten Grund die Eigenschaft gegeben, anzuziehen und zu bewahren: Sie darf nichts verschleudern, denn sonst kann kein Kind entstehen. Wenn der Mann dagegen verschwenderisch ist, ist dies aus der Sicht der Natur weniger schwerwiegend, denn er hat noch »Rohstoffe«. Viele Körner und Samen sind notwendig, um überhaupt etwas zu ernten. Der Mann muss großzügig sein, damit wenigstens eine Geburt zustande kommt; denn es könnte sein, dass alles zerstreut würde oder auf unfruchtbaren Boden fiele. Wenn die Frau dagegen genauso freigebig wäre wie der Mann, würde dies Unfruchtbarkeit bedeuten; deshalb bewahrt sie das Wenige, das sie bekommt, sorgfältig auf.

Diese körperlichen Gegebenheiten, das Bewahren bei der Frau und das Verschwenden beim Mann, findet man auch in ihren Charakterzügen wieder. Die Frau muss etwas in den Händen haben – zuerst den Ehemann, dann die Kinder. Wenn sie den Mann nicht halten kann, klammert sie sich an das Kind. Solange es klein ist und ihren Schutz braucht, ist sie glücklich, denn dann kann sie es für sich behalten. Doch sobald es erwachsen wird, entgleitet ihr auch das Kind, und sie ist wiederum unglücklich, weil sie nichts mehr besitzt. Dieser Besitzdrang der Frau kompliziert alles. Ihr fragt: »Aber will der Mann denn nicht besitzen?« Nein, er will, grob gesagt, im körperlichen Bereich nur genießen; besitzen bedeutet für ihn ausnutzen und dann sich davonmachen. Die Frau will dagegen den Mann an sich binden und ist erst dann

gewillt, ihm alles andere zu geben. Der Mann sagt:
»Mach dir keine Sorgen, nachher bringen wir alles
in Ordnung; lass uns erst einmal die Liebe genießen.« Aber da die Frau nicht dumm ist, weiß sie,
dass er sie verlässt, wenn sein Verlangen befriedigt
ist, und deshalb sagt sie: »Nein, zuerst musst du
unterschreiben!« Sie zwingt ihn so, einen Vertrag
abzuschließen und sich zu verpflichten.

Die Sexualität ist ein sehr ergiebiges und viel-
seitiges Thema. Man kann sie aus den verschiedensten Blickwinkeln betrachten – und hat es auch
schon getan: vom organischen, physiologischen,
psychologischen, sozialen, moralischen und religi-
ösen her. Nur den Blickwinkel der Einweihungswissenschaft kennt man noch nicht, denn er ist
eigentlich nie richtig dargelegt worden.

Man hat mir von Versuchen erzählt, die Forscher und Mediziner durchgeführt haben. Um die
physiologischen Phänomene während des Liebesaktes zu studieren, haben sie zum Beispiel an den
verschiedenen Körperteilen von zwei freiwilligen Testpersonen – einem Mann und einer Frau
– Elektroden angeschlossen. Ein Wirrwarr von
Kabeln verbindet die beiden mit einem Aufzeich-
nungsgerät, und die ganze Apparatur zeigt Diagramme ihrer verschiedenen Reaktionen während
sie sich mitten in diesem Kabelsalat »lieben«. Da
es mehr und mehr sogenannte emanzipierte Menschen gibt, die sich von allen alten moralischen

Vorurteilen befreit haben, gibt es für derartige Versuche anscheinend Hunderte von Freiwilligen. Fraglich ist, ob die Forscher tatsächlich nur die Diagramme beobachten. Was in ihnen alles vorgeht, wird nicht erwähnt. Sicherlich haben auch sie interessante Reaktionen zu verzeichnen, und es ist schade, dass sie selbst nicht auch an solche Geräte angeschlossen sind... Aber ganz unabhängig vom Ergebnis ihrer Beobachtungen, sind sie noch weit von dem entfernt, was die Einweihungswissenschaft uns über die Liebe offenbart.

Auch wenn die Wissenschaftler eines Tages die physiologischen Reaktionen bis in alle Einzelheiten kennen, wissen sie nichts von der Liebe, solange sie nicht den feinstofflichen Bereich, die Ausstrahlungen, die Emanationen, die ätherischen und fluidischen Schwingungen studiert haben. Sie ahnen ja nicht einmal, dass solche Phänomene überhaupt existieren. Nun, mich interessiert gerade dieser Aspekt des menschlichen Wesens, denn er ist der wichtigste. Das Wichtigste am Geschlechtsakt ist zu wissen, in welche Richtung die Energien dabei ausgestrahlt werden, was sie an Schäden und Zerstörungen oder Aufbauendem und Großartigem in der Welt anrichten und wer sich diese Energien aneignet. Sind sie symbolisch gesehen nicht wie Vulkanausbrüche, die wieder herabregnen und ganze Städte unter sich begraben?... Männer und Frauen sollten deshalb Folgendes wissen: Wenn sie nur auf Vergnügen aus sind, fangen gewisse niedere Wesenheiten – Elementale, Larven und unterirdische Naturkräfte – diese Energien auf und halten auf Kosten der Menschen ein Festmahl.

Ja, Männer und Frauen müssen wissen, dass sie durch ihre Sinnlichkeits-Exzesse böswillige Wesenheiten, Larven und Elementale nähren, die die Menschheit kaputtmachen und vernichten. Ihr könnt euch gar nicht vorstellen, wie viele Wesenheiten – nicht nur Larven, sondern auch niedere Seelen und nicht verkörperte Menschen – sich in Nachtclubs und sonstigen Orten des Lasters aufhalten und bei diesem Festmahl sich der dort vorhandenen Energien bemächtigen. Ja, Menschen, die ihre Begierden während ihres Erdenlebens nicht befriedigen konnten, besuchen solche Orte, um sich von den grobstofflichen Emanationen dieser dem Laster ergebenen Menschen zu ernähren.

Die Eingeweihten haben all dies seit langem studiert. Wenn das Ziel der Liebe ein sehr niederes ist und Mann und Frau nur das Vergnügen suchen, dann, müsst ihr wissen, öffnen sie damit eine Tür, durch die sich die niederen Wesenheiten einschleichen und in kürzester Zeit in ihrem Innern beträchtliche Schäden und Verwüstungen anrichten! Die geistige Liebe dagegen verjagt schädliche Wesenheiten, nährt aber die Engel und Erzengel, die die Menschheit retten wollen. Die Energien der Liebe sind göttliche Energien, die wieder zur göttlichen Welt zurückkehren müssen. Wenn Liebende sich dieser Wahrheit bewusst sind, leiten unzählige intelligente Kräfte in der Natur diese Energien weiter und verwenden sie zum Wohl der ganzen Menschheit, ja, des ganzen Kosmos. Denn es sind lebendige – wunderbar lebendige – Kräfte!

Es kommt also zuallererst auf das Ziel an. Wenn Mann und Frau sich im Bewusstsein der Erhabenheit dieses Aktes vereinigen, können sie mit all diesen Energien eine gewaltige Arbeit leisten. Engel und höhere Wesen nutzen diese Energien und helfen den beiden Menschen, die unablässig schöner und stärker werden. Es gibt darüber eine ganze Wissenschaft, die früher in Ägypten und Indien, hauptsächlich aber in Tibet bekannt war. Wer diese hohen Wahrheiten umsetzte, war sogar in der Lage, sein Leben zu verlängern und besondere Fähigkeiten zu erlangen, denn die Macht der Liebe ist die großartigste Macht der Welt. Keine Kraft kann sie übertreffen oder ihr auch nur gleichkommen. Die Liebe ist allmächtig.

Beim Durchblättern mancher Bücher oder Artikel, die heute über die Liebe veröffentlicht werden, habe ich mich oft gefragt, warum die Herausgeber ganz gewöhnliche Leute befragt haben, statt sich an die Eingeweihten zu wenden. Ihre Schlussfolgerungen sind natürlich insoweit richtig, als sie auf den Erfahrungen zahlreicher Personen beruhen; sie sind jedoch dadurch verfälscht, dass sie die Erfahrung der höchstentwickelten Wesen nicht in Betracht ziehen. Man hätte sie nach ihrer Meinung fragen sollen, das wäre für viele eine große Entdeckung gewesen. Im Moment raten die Ärzte den Jugendlichen zu geschlechtlichen Beziehungen, um angeblich gewisse Spannungen auszugleichen. Ich hatte mehrmals Gelegenheit, mit jungen Leuten zu sprechen, die solche Empfehlungen bekommen hatten. Für die meisten, die sich daran gehalten hatten, war es nachher noch schlimmer. Warum gibt man solche Ratschläge, wenn man die Struktur des Menschen noch so wenig kennt? Für einige mag dies eine Lösung sein, aber nicht für alle.

Es wäre vielleicht dann eine Lösung, wenn Männer und Frauen ein besseres Verständnis dessen hätten, was der Liebesakt sein soll und sich nicht damit begnügen würden, ihren Körper zu befriedigen, ohne sich um Seele und Geist zu kümmern. Aber nur der Körper zählt: Er wird bewundert, gestreichelt, angesprochen, geküsst und bis zum Geht-nicht-mehr verrenkt. Ob Seele und Geist nachher in Finsternis und Qualen stecken, ist ihnen ziemlich egal. Ich habe nie behauptet, dass man sich keine Liebe schenken soll, doch, man sollte sich sogar sehr viel Liebe schenken, aber auf den höheren Ebenen, anstatt sich nur im körperlichen Bereich zu begegnen, sich zu erregen, zu befriedigen und dann zu schnarchen. Man will sich jedoch nicht erheben. Und anstatt die Bedeutung des Liebesaktes für seine geistige Höherentwicklung zu erkennen, hat man es eilig, so schnell wie möglich im Sumpf zu versinken. Für die Fantasielosen gibt es sogar eine umfangreiche Literatur über die unglaublichsten Stellungen, die die größtmögliche Lust gewähren sollen.

Leider haben diejenigen, die diese Stellungen in die Praxis umsetzen, nicht die geringste Ahnung von den negativen Kräften, die sie dadurch anziehen. Nehmen wir das Beispiel eines Magneten: Seine beiden Enden sind unterschiedlich gepolt. Um einen anderen Magneten anzuziehen, muss man den Nordpol des einen zum Südpol des anderen drehen, denn zwei gleichartige Pole stoßen einander ab. Auch der Mensch ist polarisiert: Kopf und Füße stellen zwei verschiedene Pole dar, ebenso linke und rechte Seite, Vorder- und Rückseite. Rücken an Rücken gelegt, ist etwas anderes als Vorderseite an Vorderseite. Wenn man diese Nuancen kennen würde, könnte man sie praktisch, zum Beispiel sogar zur Heilung, anwenden. Je nachdem wie man sich mit den Menschen, der Erde oder der ganzen Natur polarisiert, entsteht eine Anziehung oder Abstoßung, etwas Wohltuendes oder eine Anomalie. Wenn Mann und Frau ihren Spaß daran haben, die unglaublichsten Stellungen einzunehmen, ziehen sie unwissentlich bösartige Wesenheiten an, stoßen die gutgesinnten Kräfte ab und verursachen so jedes Mal eine Störung in ihrem Innern.

Aber wer will schon über diese Probleme nachdenken? Wenn es darum geht, sich zu amüsieren, wird nicht mehr überlegt! Im Gegenteil, alle sind entzückt, sich selbst restlos zu verlieren, sich aufzulösen, denn gerade in dieser Auflösung finden sie ihr Glück. Sie geben dies übrigens ohne Umschweife zu: »Wenn man nicht den Kopf verliert, empfindet man nichts!« Sie unterschreiben also ihr geistiges Todesurteil. Aber gerade diese Einstellung wird gut geheißen und ist allgemein verbreitet. Wenn ein Mann wachsam ist und sich beherrscht, um in seine Liebe nur Lichtvolles, Poetisches und Gutes für seine Partnerin einfließen zu lassen, sagt sie missbilligend: »Das ist doch kein Mann, er behält seinen klaren Verstand, er verliert nicht den Kopf!« Aber wenn sein Blick trübe wird, wenn er schnauft, dass die ganze Welt erbebt und alle seine Überzeugungen, Entschlüsse und Pläne zusammenbrechen, dann sagt sie: »Ach, wie wunderbar, das lohnt sich, das ist ein richtiger Mann!« Nicht, dass sie ihn wirklich bewundert, aber sie ist stolz auf ihre Macht über ihn; sie glaubt, ihn in der Tasche zu haben. Wenn sie sieht, dass er verwirrt und verloren ist, freut sie sich und sagt triumphierend: »Sieh da, er schien so stark, aber jetzt ist es aus mit ihm, ich kann mit ihm machen, was ich will.« Ihre niedere Natur hat also gesiegt, denn sie kann ihn beherrschen, lenken, ihn an der Nase herumführen, damit er auf alle ihre Launen eingeht. Nun, ein derartiger Triumph ist nichts besonders Großartiges, er ist eher eine versteckte Grausamkeit.

Die Frau sollte sich aber über eine derartige Kapitulation ihres Mannes oder Liebhabers nicht freuen. Sie sollte sich im Gegenteil Sorgen machen, denn ein solches Verhalten bedeutet auch für sie selbst nicht gerade etwas Erfreuliches. Die ruckartigen, fieberhaften Bewegungen und der sinnlich verfärbte Blick zeigen, dass er seinen Trieb befriedigen will, dass er verschlingen und zerreißen will; um dieses Ziel zu erreichen, ist er imstande, sie auszuplündern und ihr alles zu nehmen. Aber gerade das hat sie gern, sie will nichts anderes. Wenn ein Mann sie respektvoll und bewundernd anschaut und in seinem Blick ein strahlendes Licht und tiefe Reinheit liegen, ist sie sogar unzufrieden und sagt: »Von dem kann ich nichts erwarten!« und verlässt ihn. Instinktiv fühlt die Frau sich gern wie Teig in den Händen eines Bäckers, es gefällt ihr, von ihm durchgeknetet, gewalkt und rau behandelt zu werden, während sie mit Respekt und himmlischen Blicken nichts anzufangen weiß. Es gibt Ausnahmen, aber im Allgemeinen stimmt das!

Männer und Frauen dürfen sich nicht länger das Vergnügen zum Ziel setzen. Nun fragt ihr euch natürlich, was euch bleibt, wenn ihr euch nicht mehr amüsieren könnt... In Wirklichkeit wartet ein viel größeres, zehnmal intensiveres Vergnügen auf euch; es ist jedoch reiner und das Wesentliche ist, dass es eure Energien nicht aufzehrt. Folglich hat es andere Auswirkungen. Es äußert sich als Licht, Licht und nochmals Licht... Und der Himmel wird sich dann an der Schönheit eurer Liebe erfreuen.

Ich höre einige sagen: »Aber Meister, was Sie uns da erzählen, lässt sich doch unmöglich verwirklichen. Jeder kann Ihnen bestätigen, dass ein klarer Verstand das Vergnügen abtötet und dass man je wacher die Gedanken sind, umso weniger Gefühle hat.« In Wirklichkeit wurde dem Menschen das Denken gegeben, damit er die wahre Liebe besser erleben kann. Ohne das Denken würde die Liebe ganz vom Tierischen, Triebhaften beherrscht werden. Gerade der Verstand soll mit Hilfe der Gedanken die Energien kontrollieren, lenken und verfeinern.

Gewiss, die meisten Menschen haben ihre Freude an den vulkanartigen Ausbrüchen der Liebe. Sie wissen nicht, dass diese Art der Liebe auch die zerstörerischste und kostspieligste ist, denn die wertvollsten Elemente in ihrem Inneren – Ideen, Pläne und poetische Inspirationen – werden aufgezehrt. All dies verbrennt und nachher stellen die Menschen fest, dass sie nicht mehr denselben Schwung, dieselbe Begeisterung besitzen. Wenn ihr dagegen einen klaren Verstand behaltet, wenn eure Gedanken wachsam sind, alles beobachten, kontrollieren und die Kräfte lenken, habt ihr natürlich nicht das, was viele Leute unter »Vergnügen« verstehen, das heißt ein tierisches, grobes, unkontrollierbares Gefühl ohne Würde und geistigen Gehalt. Aber ihr könnt mit Hilfe eures Denkens eine spirituelle Arbeit leisten und das Vergnügen wird sich dank des Lichts in Freude, Entzückung, Begeisterung, Ekstase verwandeln!

Leider scheuen die Menschen die Anstrengung, bis zu diesem Punkt vorzudringen und zu erleben, wie man die Liebe verwandeln kann. Selbst wenn sie sich momentan getröstet, erleichtert und von einem starken Druck befreit fühlen, sieht man nach einigen Monaten oder Jahren, dass sie abgestumpft und schwerfällig geworden sind und keine Eingebung mehr haben. Andere hingegen, die diese ursprüngliche, wunderbar machtvolle Energie, diese Gabe Gottes, für himmlische, erhabene Zwecke verwenden, werden Hunderte von anderen Freuden und anderen Vergnügen erleben und verwundert und begeistert feststellen, dass sie Entdeckung auf Entdeckung machen... bis ins Unendliche.

Man sollte nicht auf halbem Wege stehen bleiben, sondern über die Grenzen des Vergnügens hinausgehen und nicht auf diesem zu niedrigen Niveau verharren. Man muss aufsteigen und die Wolken durchstoßen, bis man die Sonne sieht. Vergesst daher nie, jeder eurer Handlungen ein lichtvolles Ziel zu setzen. Was immer ihr tut, ob ihr esst, spazieren geht oder jemanden umarmt, habt immer das Licht zum Ziel. Tut nie etwas einzig und allein zu eurem Vergnügen. Ihr werdet sagen: »Aber wenn man keine Freude mehr an den Dingen hat, ist doch alles sinnlos!« Ihr habt mich nicht verstanden. In Wirklichkeit ist alles miteinander verbunden. Sowie Licht und Wärme da sind, das heißt Verstand und Liebe, folgt das Vergnügen unweigerlich. Nur seine Beschaffenheit, seine Eigenart, seine Intensität ist anders. Also meditiert, denkt nach und vergesst nie, dass ihr bis zum Licht vordringen müsst. Solange euch eure Art zu lieben kein Licht bringt, ist dies ein Zeichen dafür, dass es sich nicht lohnt in der gleichen Weise weiterzumachen. »Das stimmt«, sagt ihr, »zehnmal hat es nichts eingebracht, aber vielleicht beim elften Mal...« Nein, so werdet ihr euch das Genick brechen; solange euer wahres Ziel nicht das Licht ist, werdet ihr nichts erreichen.

VIII

DIE SEXUALKRAFT, BESTANDTEIL DER SONNENENERGIE

Was sucht ein Mann bei der Frau? Wenn man ihn beobachtet, scheint er nur rein materielle Formen zu suchen, gut gebaute Rundungen, wie man so schön sagt. Man braucht nicht genau zu beschreiben, welche... Aber warum ist er niemals völlig zufrieden? Weil er nicht weiß, dass das, was er eigentlich sucht, nicht diese Art von Materie ist, sondern eine andere feinere, subtilere Materie, die nur die Frau besitzt und die er braucht. Leider findet der Ärmste nicht viel davon, denn er selbst weiß nicht, was er bei der Frau sucht, und da auch der Frau nicht bewusst ist, dass sie diese kostbare Essenz besitzt, tut sie nichts, um daran zu arbeiten und sie ihm dann zu geben. Die Frau ihrerseits sucht im Mann die Stärke, die Kraft eines ihr überlegenen Geistes. Meistens findet sie jedoch nur brutale Kraft und Gewalt oder, im Gegenteil, Schwäche. Keiner von beiden weiß, wie er dem anderen das geben kann, was dieser braucht, und deshalb fühlen sich beide unbefriedigt. Ja, Mann und Frau suchen in ihren Umarmungen und Küssen nur eines: die reinste Quintessenz der Göttlichen Mutter und die reinste Kraft des Himmlischen Vaters. Solange sie diese nicht finden, kann ihr Austausch nicht ideal sein. Und das geschieht unablässig. Sie gleichen zwei Tieren, die sich paaren. Wenn aber zwei sich liebende Menschen bewusst und wach sind und den Wunsch und Gedanken hegen, ihrer Sexualkraft ein göttliches Ziel zu setzen, wird alles heilig. Nicht der Vorgang als solcher ist rein oder unrein, sündig oder unschuldig, sondern der Inhalt, das Ziel, das Mann und Frau im Sinn haben. Im körperlichen Bereich gibt es nicht neunundneunzig verschiedene Arten der Annäherung, sondern nur eine einzige. Nur im Ätherischen hat die Liebe Tausende von Ausdrucksformen. Auf physischer Ebene gibt es nur den einen traditionellen, kosmischen Weg – nennt ihn, wir ihr wollt –, und man kann den Menschen nicht vorwerfen, keinen anderen gefunden zu haben. Wie könnte man – jedenfalls im Moment – auf andere Weise Kinder zeugen als auf die, die seit Millionen Jahren praktiziert wird? Es gibt keine andere Möglichkeit. (Lassen wir die neuesten wissenschaftlichen Entdeckungen in Bezug auf künstliche Befruchtung und Babys aus der Retorte beiseite, denn das würde zu weit führen.) Im Bereich der Seele, des Herzens und des Denkens jedoch bietet die Liebe unendlich viele Nuancen, Möglichkeiten und Ausdrucksformen.

In Wirklichkeit sind die Geschlechtsorgane nicht nur dann aktiv, wenn der Mann die Frau körperlich befruchtet. Nein, genau wie zum Beispiel die Augen ständig etwas vom inneren Leben zum Ausdruck bringen, so wird dieses Innere auch vom Geschlechtsorgan ausgedrückt und widergespiegelt. Es handelt sich dabei nur um Emanationen, ätherische Ausstrahlungen, aber diese Ausstrahlungen sind nicht bei jedem Menschen dieselben. Ihre Qualität hängt von dem Leben ab, das der Mensch führt, ob er ein spirituell-bewusstes oder ein tierisch-unbewusstes Leben führt.

Der vollkommene, ideale Mensch, wie er in den Werkstätten der kosmischen Intelligenz geschaffen wurde, gleicht der Sonne. Von ihm geht die gleiche Quintessenz aus, die im Licht der Sonne in ätherischem Zustand enthalten ist. Wer daher diese Kraft missbraucht und nicht begreift, dass sie von der Heiligkeit, dem Licht und dem Leben der Sonne durchdrungen ist und zu großartigem Schaffen dienen kann, wird von der Sonne bestraft, indem sie ihm ihre kostbarsten Schätze vorenthält.

Je mehr sich ein Mensch der Vollkommenheit annähert, desto mehr gleichen seine Emanationen dem Licht. Und genau wie dieses verteilen sie sich im Raum, wo sie von empfänglichen Geschöpfen aufgefangen und genutzt werden. Aus diesem Grund sollten Mann und Frau versuchen, die Vollkommenheit der Sonne zu erreichen; denn

es geht dabei stets um dieselbe Kraft, die Sonnenenergie, die sich durch ihr Gehirn, ihre Augen,
Hände, Worte und Gedanken und auch durch ihre
Geschlechtsorgane äußert. Und wie das Sonnen-
licht, bringt auch die Sexualkraft nicht nur den
Menschen, sondern auch den Pflanzen, den Steinen und der ganzen Natur Segen. Die kosmische
Intelligenz hat die Schöpfung göttlich umfassend
und schön gestaltet, nur die Menschen deformie-
ren, beschränken und verunstalten alles.

Die Sexualkraft ist von derselben Art wie die
Sonnenenergie. Dieser Gedanke sollte euch ermutigen, reiner und lichtvoller zu werden. Denn wozu
solltet ihr derartige Offenbarungen hören, wenn
sie keine positiven Ergebnisse in euch hervorbrin-
gen und nicht den Wunsch in euch wachrufen, diesem ursprünglichen Wesen zu gleichen, so wie es
aus den Werkstätten des Herrn strahlend wie die
Sonne hervorging...

Genau wie die Sonne alle Planeten belebt, gibt
es auch Menschen, die alle Geschöpfe beleben und
kräftigen können, indem sie in deren Herzen und
Seelen göttliche Regungen erwecken. Viele Frauen
würden lieber von einer geistigen als von einer
körperlichen Kraft angeregt und inspiriert werden.
Aber da es nur sehr wenige Männer auf Erden gibt,
die bewusst, aufgeklärt und beherrscht genug sind,
um sie auf höherer Ebene zu inspirieren, müssen
die Frauen sich mit dem zufrieden geben, was
diese ihnen geben. Der Mann befruchtet die Frau

genauso wie die Sonne die Erde befruchtet. Aber von nun an sollte er lernen, der Frau Samen auf geistiger Ebene zu geben, damit sie in ihrer Seele und ihrem Herzen göttliche Kinder gebiert. Es ist an der Zeit, die Liebe endlich im Zustand ihrer idealen Reinheit zu verstehen.

Das Elixier des ewigen Lebens ist in den Sonnenstrahlen enthalten, also kann man es jeden Morgen trinken. Anstatt aber mit ihrer ganzen Aufmerksamkeit darauf zu achten, dass dieser Reichtum sich nicht ungenutzt verliert, sind die Menschen mit ihren Gedanken woanders, und dann sagen sie, dass sie die Geheimnisse des Universums ergründen wollen. Dabei haben sie diese Mysterien doch so strahlend in der Sonne vor sich, dass man fast davon erblindet! Aber nein, sie suchen die Mysterien lieber irgendwo in Büchern! Arme Menschheit, wann wird sie die Augen öffnen und sehen, dass die Sonne alle Mysterien enthält!

In der Zukunft wird jeder sich darin üben, diese Liebe, diese Kraft und diese Schwingungen zu erreichen, die über die Materie herrschen. Alle werden nur noch Lichtteilchen von größter Reinheit untereinander austauschen wollen. Welch einen Blick tauschen zwei Menschen aus, die sich auf höherer Ebene, ihrer Seele und ihres Geistes wegen lieben! Ihnen genügt ein Blick, ein himmlischer Blick, um voneinander entzückt zu sein... In der Zukunft, wenn ein Mann und eine Frau ein Kind zeugen wollen, nehmen sie sich sogar nur

noch in die Arme und schauen einander an, als
wollten sie sich gegenseitig den Himmel schenken; ihre Gedanken werden so konzentriert und
ihre Liebe so intensiv sein, dass sich kurz darauf
ein Geist bei ihnen inkarniert, dessen Körper aus
den reinen und lichtvollen Teilchen besteht, die
Mann und Frau gemeinsam verströmt haben. Ihr
seid erstaunt? Aber ja, das ist möglich. Es gilt
für eine ferne Zukunft, aber diese Entwicklungs-
stufe ist in den Plänen der kosmischen Intelligenz
vorgesehen.

IX

DIE ZEUGUNG EINES KINDES

Die Kirche predigt seit Jahrhunderten, dass die Erbsünde den Menschen befleckt hat und von Generation zu Generation weitergegeben wird, ohne dass er sich von ihr reinwaschen kann. Der Mensch wird in Sünde gezeugt, in Sünde geboren, nichts kann er daran ändern. Nun, damit bin ich nicht einverstanden, denn gerade wenn man diese Vorstellung derartig betont und verbreitet, hindert man die Menschheit daran, sich aufzurichten, man schmälert ihre Hoffnung und ihren Wunsch, aus dieser Situation herauszufinden. Natürlich ist auch etwas Wahres daran, aber wo? Jeder Mensch ist in dem Maße in Sünde gezeugt und geboren, wie ihm seine Eltern ihre bereits mangelhafte Erbschaft mitgeben. Da ihre Gedanken und Gefühle weder lichtvoll noch rein sind, zeugen sie ihre Kinder in Sünde. Aber dass die Erbsünde seit Adam und Eva in alle Ewigkeit von Generation zu Generation weitergegeben werden muss, das ist nicht richtig.

Wenn der Mensch das Licht findet, wenn er weise, klug und rein wird, dann hat die Sünde Adams und Evas keine Bedeutung mehr, dann kann alles verändert und verwandelt werden.

Man sollte den Menschen keine Ideen einflößen, die sie auf immer in Schuld und Unvollkommenheit festhalten, ohne Hoffnung sich eines Tages wieder erheben zu können. Sicher, wir sind Sünder, aber wir brauchen es nicht in alle Ewigkeit zu bleiben. Man muss fortschreiten, und dieser Fortschritt kann gerade dann erreicht werden, wenn Mann und Frau sich ihrer Verantwortung während der Zeugung und der Schwangerschaft bewusst werden. Da jede Schöpfung das ist, was ihre Schöpfer daraus machen, müssen sich die Schöpfer bessern, damit auch die Schöpfung besser wird. Das ist einfach und logisch.

Die Eltern sollten sich also entschließen, ihre Kinder unter den besten Voraussetzungen zur Welt zu bringen. Diese Voraussetzungen beginnen bei der Zeugung, wobei die innere Verfassung der Eltern das Wichtigste ist. Natürlich kommt es auch auf den anatomischen und physiologischen Aspekt an, aber das Wesentliche sind die psychologischen und geistigen Aspekte, das heißt Kraftströme, Ausstrahlungen, durch Gedanken hervorgerufene und angezogene Kräfte, Gefühle und Wünsche der Eltern.

Seht ihr, mit diesem Bereich sollte man sich befassen, mit der inneren Verfassung während der Zeugung, um positive Kräfte auszulösen, die dann ihrerseits erhabene Wesen einladen, sich auf Erden zu inkarnieren. Statt weiterhin allen bösartigen Geistern der Vergangenheit, die sich in der Hoffnung auf Wiederverkörperung in der Nähe der Menschen aufhalten, eine Bleibe anzubieten, sollte man lichtvolle Geister empfangen. Leider gibt es aufgrund der Unwissenheit weit mehr Kandidaten für die teuflischen Wesenheiten, die dann das Unglück der Gesellschaft bedeuten. Oft hört man Eltern klagen: »Was haben wir nur getan, dass wir einen solchen Teufel in unserer Familie haben?« Ja, leider haben sie allein schon durch ihre Unwissenheit dazu beigetragen, denn Unwissenheit ist das größte Unglück.

Warum können die Kinder ein und derselben Familie so verschieden sein? Obwohl sie denselben Vater und dieselbe Mutter haben und der Altersunterschied nur ein oder zwei Jahre beträgt, in denen die Eltern sich nicht verändert haben, ist das eine Kind ein Flegel, das andere ein Engel, das dritte ein musikalisches Genie, das vierte ein Taugenichts usw. Solche Fälle beobachtet man in zahlreichen Familien. Die Kinder haben weder untereinander noch mit ihrem Vater oder ihrer Mutter Ähnlichkeit. Woher kommt das?

Wenn es für das Wesen eines Kindes lediglich eine materialistische Erklärung gäbe, dürften die Kinder desselben Vaters und derselben Mutter nicht solche physischen, moralischen und intellektuellen Unterschiede aufweisen. Da dies der

Fall ist, muss es anders erklärbar sein; und zwar damit, dass das Wesen des Kindes von den Elementen abhängt, die die Eltern durch ihre Gedanken und Gefühle während der Zeugung angezogen haben. Kenntnisse in Anatomie und Physiologie genügen nicht; man muss auch die feinstofflichen und energetischen Prozesse kennen, die während der Zeugung eine Rolle spielen. Nur so kann man verstehen, dass da Kräfte mitwirken, die man auf ein bestimmtes Ziel ausrichten kann. Wenn Ingenieure eine Rakete in den Weltraum schicken, berechnen sie ihre Stoßkraft, ihre Flugbahn; sie schießen nicht einfach irgendeinen ungesteuerten Gegenstand in den Himmel, der ihnen oder anderen später auf den Kopf fällt. Die Unwissenden, die ein Kind zeugen, ohne sich darüber im Klaren zu sein, welche Art von Energien sie auslösen, handeln jedoch genau so. Nachher wundern sie sich, wenn diese Energien sich gegen sie wenden.

Wenn zwei Menschen sich ein Kind wünschen, sollten sie sich im Licht vereinigen, das heißt in dem Bewusstsein, dass sie gemeinsam an einem großartigen Werk arbeiten. Sonst gleichen sie Dieben, die sich des Nachts etwas aneignen wollen, das ihnen nicht gehört. Ihr sagt: »Wieso Diebe?« Ja, wenn jeder den anderen nur benutzen will, um seine eigenen Triebe zu befriedigen (was meistens der Fall ist), benimmt er sich wie ein Dieb. Wenn Mann und Frau sich nicht wie Diebe verhalten wollen, müssen sie lernen, sich nicht mehr einfach ihren Instinkten hinzugeben, sondern einen außerordentlich starken Faktor einzusetzen, die Denkkraft. Denn das Denken ist eine alchimistische, magische Kraft und in der Lage, günstige Elemente und Strömungen anzuziehen und schädliche abzuwehren, aber auch Böses in Gutes zu verwandeln.

Wer also möchte, dass ein erhabener Geist sich eines Tages in seiner Familie inkarniert, muss lernen, ihn durch sein Denken anzuziehen. Ja, bewusste Gedanken, selbst während der Zeugung, wirken wie ein Transformator und verhindern, dass die ausgelösten Kräfte unterirdische Wesenheiten nähren, die dann ein kleines Ferkel oder einen kleinen Teufel schicken. Die Menschen sollten sich bewusst sagen: »Durch diesen Akt lösen wir ungeheure, gewaltige Kräfte aus; wir sollten wenigstens einen Transformator, unser Denken einsetzen, damit diese Kräfte kanalisiert und gelenkt werden.« Denn nur das Denken kann augenblicklich Kräfte in Bewegung setzen, die günstig auf eure schöpferische Arbeit wirken. Wer im Liebesakt nur das Vergnügen sucht, gleicht einem Dieb, denn er plündert seinen Partner aus und nimmt ihm seine Kraft und seine Vitalität. Durch dieses diebische Verhalten zieht ihr unweigerlich einen Dieb an, denn es gibt alle möglichen Arten von Dieben. Nicht nur solche, die Geld und Autos stehlen, sondern auch solche, die Gedanken, Gefühle und Inspirationen aus Herz, Seele und Geist rauben.

Gewiss, es ist nicht üblich, während des Geschlechtsaktes dem Denken den ersten Platz einzuräumen. An erster Stelle stehen eher die Gefühle; das Denken schiebt man lieber beiseite, denn es wird als Feind der Gefühle betrachtet. Aber gerade an dem so wesentlichen Augenblick der Zeugung sollte das Denken teilhaben, damit Mann und Frau wie zwei Arbeiter sind, die sich der Bedeutsamkeit ihres Aktes bewusst sind. Sie sollten sogar vorher schon beten und den Himmel anflehen, ihnen eine auserwählte Seele zu schicken, die der Gemeinschaft nur Segen bringt.

Die Einswerdung von Mann und Frau wiederholt das kosmische Phänomen der Verschmelzung des Geistes mit der Materie. Der Geist steigt herab, um die Materie zu beleben, die Materie erhebt sich, um dem Geist die Möglichkeit zu geben, sich niederzulassen und seine Pläne zu verwirklichen. Wenn der Mann sich mit der Frau vereinigt, löst dies in ihm einen umfassenden Prozess aus: Sein Organismus arbeitet daran, dem Universum eine feinstoffliche Essenz zu entziehen, diese strömt durch seine Wirbelsäule hinab und er gibt sie seiner Frau. An dieser Quintessenz arbeitet die Frau anschließend neun Monate lang, um das Kind zu formen.

Deshalb sollten Mann und Frau sich vorbereiten, bevor sie ein Kind zeugen, um Mittler des männlichen und weiblichen Prinzips, oben in der göttlichen Welt zu werden. Der Mann sollte sich bemühen, einen Augenblick lang das absolute Prinzip, welches der Himmlische Vater ist, zu verkörpern, dieses vollkommene Prinzip von Größe, Intelligenz, Kraft, Erhabenheit, Beständigkeit. Und auch die Frau sollte sich darum bemühen, eine Verkörperung des Prinzips der Göttlichen Mutter zu werden, die Schönheit, Reinheit, Zärtlichkeit, Feinheit, Großzügigkeit, Sanftmut und Zartheit darstellt. Wenn Mann und Frau sich auf diese Weise bewusst vorbereiten, schwingen sie im Augenblick der Zeugung im Einklang mit diesen beiden erhabenen Wesenheiten, welche die Welt schufen, über allem stehen und das ganze Glück, allen Segen und alle Schätze in sich tragen. Der Mann ist sich bewusst, ein Mittler des Himmlischen Vaters zu sein und befruchtet seine Frau in dem Gedanken, dass sie die Vertreterin der Göttlichen Mutter ist und die Frau ist sich bewusst, dass sie Mittlerin der Göttlichen Mutter ist und bemüht sich, ihrem Mann, in dem sie den Vertreter des Himmlischen Vaters sieht, die reinste Materie für diese Schöpfung zu geben. Auf diese Weise wird ein göttliches Kind geboren, denn es wurde in einem göttlichen Zustand gezeugt.

Die Menschheit kann nur durch intelligente, bewusste Väter und Mütter verwandelt werden, die gesunde und mit den schönsten Tugenden ausgestattete Kinder zur Welt bringen. Die Eltern haben eine sehr große Verantwortung. Deshalb sollten sie sich schon Jahre vorher auf ihre Rolle als Wohltäter der Menschheit vorbereiten.

X

DIE SCHWANGERSCHAFT

Ich habe euch bereits gezeigt, dass man den Vorgang der Galvanoplastik in allen Daseinsbereichen wiederfindet, aber es ist besonders interessant, ihn in Bezug auf die schwangere Frau zu erforschen.

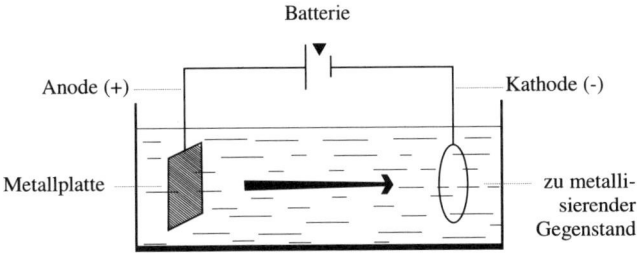

Batterie

Anode (+) .... Kathode (-)

Metallplatte .... zu metalli-
sierender
Gegenstand

In Analogie dazu kann man die Schwangerschaft folgendermaßen darstellen:

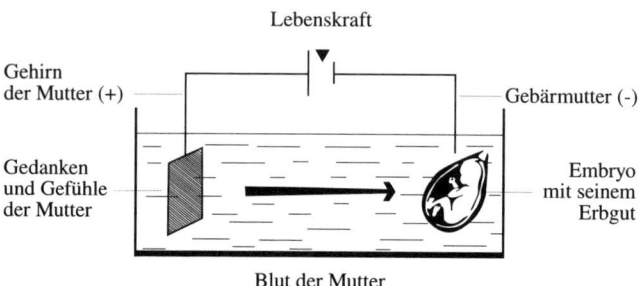

Dieses Schema zeigt uns, wie das Gehirn mit
der Batterie – der kosmischen Energiequelle, dem
Leben, Gott – verbunden ist, von wo es den Strom
empfängt. Dieser Strom fließt dann vom Gehirn
zum Fötus. Da das Blut alle Organe des Körpers
durchfließt, übernimmt es hier die Aufgabe der
Lösung, in die Anode (das Gehirn) und Kathode
(die Gebärmutter) getaucht sind.

Die Anode (der Kopf) liefert also das Metall
(die Gedanken), das vom Blut zum Fötus weiter-
geleitet wird. Dieser Punkt ist sehr wichtig und
muss gut verstanden werden: Das Kind wird von
den Elementen, die es auf diese Weise von seiner
Mutter erhält, genährt und geformt.

Im Augenblick der Zeugung gibt der Vater
den Samen. Dieser Same kann sowohl von einem

ganz gewöhnlichen oder sogar kriminellen Mann als auch von einem hoch entwickelten Menschen stammen; durch ihre psychische Tätigkeit kann die Mutter die im Samen enthaltenen Tendenzen fördern oder im Gegenteil abblocken.

Betrachten wir einige Beispiele. Angenommen der Vater besitzt außergewöhnliche intellektuelle und spirituelle Fähigkeiten. Er kann sie an seine Kinder weitergeben, aber wenn die Mutter geistig nicht weit entwickelt ist, während der Schwangerschaft ein ungeordnetes Leben führt oder niedere Bewusstseinszustände zulässt, so verhindert sie, dass diese guten Eigenschaften zum Ausdruck kommen. Umgekehrt werden die reinen und lichtvollen Partikel einer hochentwickelten Frau, die während der Schwangerschaft mit ihren Gedanken und Gefühlen zu arbeiten weiß, der Manifestation der negativen Tendenzen eines fehlerhaften Samens entgegenwirken. Man muss die Rolle von Mann und Frau richtig verstehen: Der Vater liefert mit dem Samen in gewisser Weise das Schema, den Bauplan für das werdende Kind. Die Frau hat durch die Qualität der von ihr zur Verfügung gestellten Aufbaustoffe die Macht, diesen Plan zu verwirklichen oder im Gegenteil sich seiner Realisation zu widersetzen. Deshalb ist die Macht der Frau während der ganzen Zeit, in der sie das Kind trägt, sehr groß.

Ich weiß, dass seit einiger Zeit zahlreiche Studien durchgeführt werden über das Leben des Embryos und seine Empfänglichkeit für äußere Einflüsse, das heißt sowohl für emotionale Zustände der Mutter als auch für Ereignisse in ihrer unmittelbaren Umgebung. Den Forschern ist jedoch ein Aspekt dieser Frage entgangen, und zwar die Bedeutung der von der Mutter kommenden Materie. Denn das Kind wird während der neun Monate aus den Elementen geformt, die die Mutter ihm gibt. Natürlich nimmt das Kind alles auf, was die Mutter während der Schwangerschaft hört oder sieht, aber dies sind nur oberflächliche Eindrücke. Konstitution und Temperament des Kindes hängen von der Qualität der Materie ab, die die Mutter ihm gibt, und die Qualität dieser Materie hängt von ihrer Lebensweise ab. Wenn die Materie – symbolisch gesprochen – aus Gold ist, wird das Kind körperlich und seelisch gesund und kräftig, wenn sie jedoch aus Blei ist, wird es kränklich und anfällig.

Die schwangere Frau hat also eine doppelte Aufgabe: Einerseits wirkt sie auf den vom Mann erhaltenen Samen ein, indem sie entweder die darin enthaltenen Charaktermerkmale fördert oder es im Gegenteil in der Entwicklung hindert; andererseits ist sie für die Materie verantwortlich, aus der das Kind geformt wird.

Die meisten Frauen ahnen nicht, dass ihre Lebensweise einen Einfluss auf das zukünftige Kind hat. Sie glauben, dass das Kind unter ihrem Herzen ein von ihnen völlig unabhängiges Dasein führt und sie selbst leben können, wie es ihnen gefällt, dass sie alle möglichen Gedanken und Empfindungen haben dürfen, ohne dass dies eine Auswirkung auf das Baby hat. Nun, das ist ein Irrtum. Das psychische Leben der Mutter beeinflusst das Kind sehr stark, sogar auf der körperlichen Ebene. Goethe erzählt in seinem Roman »Die Wahlverwandtschaften« die Geschichte einer Frau, die ein Kind von ihrem Ehemann erwartete, aber ständig an einen anderen Mann dachte, den sie liebte. Als das kleine Mädchen geboren wurde, hatte es die gleichen Augen wie dieser Mann.

So mächtig sind die Gedanken und Gefühle einer schwangeren Frau! Warum fassen die Frauen also nicht den Entschluss, eine auf das Kind in ihrem Schoß günstig einwirkende Arbeit zu machen?

Das Kind bleibt neun Monate lang im Leib der Mutter, und diese Zeit ist notwendig, um seinen ganzen Körper zu formen. Der Gemütszustand der Mutter beeinflusst die Substanz der sich bildenden Organe. Wenn sie zu einer bestimmten Zeit depressiv ist oder sich unwohl fühlt, bilden sich die zu diesem Zeitpunkt entstandenen Organe mit Mängeln behaftet aus. Das Gleiche gilt natürlich auch für den gegenteiligen Fall.

Hätten die Mütter die Gewohnheit, während der Schwangerschaft ein Tagebuch zu führen, dann würden sie feststellen, dass die während der neunmonatigen Schwangerschaft durchlebten Zustände sich auf die eine oder andere Weise im späteren Leben des Kindes wiederholen. Allerdings in umgekehrter Reihenfolge, das heißt, das, was die Mutter im neunten Monat erlebt, äußert sich in den ersten Lebensjahren des Kindes; was sie im achten Monat erlebt, kommt in der zweiten Lebensperiode zum Ausdruck usw. Da ein Mensch neunzig Jahre alt werden kann, entspricht ein Schwangerschaftsmonat zehn Lebensjahren des Kindes. Müttern mit ein oder mehreren Kindern empfehle ich im übrigen, sich an ihre innere Verfassung und die Ereignisse während der Schwangerschaft zu erinnern, denn so können sie bestimmte Charakterzüge oder auch bestimmte Gesundheitsprobleme ihrer Kinder besser verstehen.

Eine Frau, die ein Kind erwartet, sollte sich sagen: »Neun Monate lang habe ich alle Möglichkeiten, aus meinem Kind einen gesunden, schönen, intelligenten, edlen, liebevollen Menschen zu machen, der für die ganze Welt ein Segen sein wird. Ich muss darauf achten, ihm durch meine Gedanken, Gefühle, Wünsche und Handlungen nur die reinsten Elemente zu seinem Aufbau zuzuführen.« Und dann sollte sie sich an die Arbeit machen. Denn wenn das Kind erst einmal geboren ist, ist es vorbei, das Kind entgleitet ihr und sie kann nichts mehr machen. Bei der Geburt ist die Natur des Kindes bereits festgelegt, und wenn diese Natur Mängel aufweist, können alle Erzieher, Lehrer, Ärzte und Psychiater der Welt nichts mehr oder nur sehr wenig daran ändern!

Die wahre Erziehung beginnt vor der Geburt des Kindes, nämlich mit der Erziehung der Eltern. Sie müssen sich innerlich lange im Voraus durch ein besseres Verständnis der Liebe vorbereiten, damit sie ein außergewöhnliches Geschöpf in ihre Familie rufen.* Sie sollten sich bemühen, das Kind im hellsten Licht und größter Reinheit zu zeugen. Nach der Zeugung gibt die Mutter, die sich der ihr von der Natur verliehenen Macht bewusst ist, dann diesem Wesen die besten Materialien für seinen physischen und seine psychischen Körper. Wenn Abertausende von Eltern auf der Welt sich zu dieser Arbeit entschließen würden, wäre die Menschheit in drei oder vier Generationen wirklich verwandelt.**

---

* Vgl. Taschenbuch Band 203: »Die Erziehung beginnt vor der Geburt«, Kapitel 2.
** Vgl. Taschenbuch Band 203: »Die Erziehung beginnt vor der Geburt«, Kapitel 3.

XI

DIE KINDER VON VERSTAND UND HERZ

In der Schöpfungsgeschichte heißt es, dass Gott den ersten Menschen sagte: »Seid fruchtbar und mehret euch und erfüllet die Erde.« Man begreift den tieferen Sinn dieser Worte jedoch nicht richtig, wenn man darunter versteht, Gott habe den Menschen befohlen, sich ausschließlich im physischen Bereich zu vermehren, um die Erde zu überschwemmen. Wenn man übrigens den Menschen mit den Tierarten vergleicht, die sich mit erstaunlicher Geschwindigkeit vermehren, muss man zugeben, dass manche Arten dieses Gebot viel besser befolgen als die Menschen! Die Fische, hauptsächlich aber die Bakterien schlagen auf diesem Gebiet alle Rekorde. Was soll man daraus schließen? Was bedeutet »Seid fruchtbar und mehret euch«...?

Zunächst einmal muss einem klar sein, dass die ganze Familie – Großeltern, Eltern und Kinder – in unserem Inneren ist. Der Großvater ist der Geist und die Großmutter die Seele. Der Vater stellt den Verstand dar und die Mutter das Herz. Und die Kinder? Sie sind die Gedanken, die der Verstand hervorbringt und die Gefühle, die das Herz hervorbringt. Nun können die Gedanken (die Jungen) und die Gefühle (die Mädchen) ihrerseits wieder Kinder in die Welt setzen – und diese Kinder sind nichts anderes als unsere Taten, denn unsere Taten entstehen immer aus der Vereinigung von Verstand und Herz. Die Taten sind also die Urenkel! Von ihnen sind wiederum einige männlich und andere weiblich, das heißt die einen entspringen eher den Gedanken und die anderen eher den Gefühlen. Ohne Gedanken und Gefühle gäbe es keine Handlung, und ohne Verstand und Herz gäbe es keine Gedanken und Gefühle... Und ohne Seele und Geist – die ihrerseits aus der kosmischen Seele und dem kosmischen Geist hervorgegangen sind – gäbe es keinen Verstand und kein Herz... So geht es weiter bis hinauf zu Gott. Seht ihr, was für eine Familie wir darstellen?

Manche Menschen tragen zwar einen Großvater und eine Großmutter, einen Vater und eine Mutter in sich, aber diese haben keine Kinder. Mit anderen Worten: Sie haben eine Seele und einen Geist, einen Verstand und ein Herz, aber sie sind noch nicht fruchtbar und mehren sich nicht, das heißt sie bringen noch keine Gedanken und Gefühle hervor, die ihrerseits wiederum zu Handlungen führen. Solche Menschen sind weich, passiv und ohne Tatkraft; sie haben keine Kinder. Man wartet darauf, dass ihr Verstand schöne Gedanken und ihr Herz edle Gefühle zustande bringen, aber der Verstand ist unfruchtbar und das Herz eiskalt. In einer solchen Familie sollte man Gott um Kinder bitten! Mitunter ist nur der Verstand produktiv. Ein solcher Mensch denkt nur viel, ist aber gefühllos, also rein intellektuell eingestellt. In seiner Familie gibt es nur Jungen. Ein anderer hat nur Mädchen, das heißt Gefühle, bei ihm fehlt das Denken ganz und gar. Man sollte also sowohl Jungen als auch Mädchen haben, denn sonst ist das Gleichgewicht gestört.

Bei manchen Menschen besteht die innere Familie nur aus Jungen, aus Gedanken, die positiv gepolte, männliche Elemente sind. In einer solchen Familie hört man nur Diskussionen und Streitereien, aber sowie ein Mädchen – ein Gefühl – hinzukommt, beruhigt sich alles, denn der weibliche Einfluss besänftigt alles (obgleich manche Lästerzungen das Gegenteil behaupten!). Solchen Leuten sage ich: »In Ihrer Familie ist der weibliche Einfluss nicht stark genug, deshalb sind Sie hart, brutal und schroff.« Aber es gibt auch Menschen, deren Familie nur aus Mädchen zusammengesetzt ist, und die deshalb überaus sentimental, schwach und empfindlich sind. Sie sind zwar gütig und sanft, aber zu sensibel, verträumt und phantasievoll. Sie sollten einen Jungen – einen Gedanken – aufnehmen, damit er alle Mädchen anspornt und sie aktiv, entschlossen und mutig werden.

Es ist vorteilhafter, wenn in einer Familie das erste Kind ein Mädchen ist, denn es kann sich notfalls um seine kleinen Brüder und Schwestern kümmern. Ein Junge als Erstgeborener wüsste jedoch nicht für seine Schwester zu sorgen; er würde sie vielleicht fallen lassen oder ungeschickt halten und sie zum Weinen bringen. Und da die Mutter oft anderweitig beschäftigt ist, würde er die Lage ausnutzen, um seine kleine Schwester an den Haaren zu ziehen oder sie zu schlagen... Betrachtet jetzt einmal was in unserem Innern vorgeht. Bevor der Junge, das heißt ein kluger, weiser Gedanke da ist, sollte das Gefühl sich geäußert haben. Die Liebe stellt die große Schwester dar, die sich um den kleinen Bruder kümmert. Wenn die Liebe bereits im Herzen wohnt, sind alle Gedanken vor Kälte, Dürre und Gefahren geschützt und werden gut genährt, denn die Liebe nährt. Was würde ohne die Liebe aus den Gedanken, dem kleinen Bruder, werden?

Man sollte also dafür sorgen, dass das Erstgeborene ein Mädchen ist, die Liebe. Sie ist das schönste, reinste und hübscheste Mädchen, das die Mutter gebären kann. Es hat eher Ähnlichkeit mit seiner Urgroßmutter, der kosmischen Seele, als mit seiner Mutter, dem Herzen. Das Herz hat einen weit zurückgreifenden Stammbaum, denn die Seele ist die Tochter der kosmischen Seele. Dann kann die Weisheit kommen, der schönste, stärkste und standhafteste Sohn, den der kosmische Geist durch den Vater, den Verstand, ins Leben ruft.

In Wirklichkeit sind Vater und Mutter – Verstand und Herz – nur die »Kindermädchen«, die damit beauftragt sind, sich um die Kinder zu kümmern und ihnen ein Haus zu bauen, in dem sie eine Zeit lang wohnen können. Die wahren Eltern von Liebe und Weisheit sind der kosmische Geist und die kosmische Seele. Deswegen bleiben sie nicht immer bei Verstand und Herz, die für sie nur vorübergehend Träger und Fahrzeug sind.

Wenn die Kinder im täglichen Leben Schäden anrichten oder beim Nachbarn Obst stehlen, bittet man die Eltern, den Schaden wiedergutzumachen. Die Nachbarn wagen es nicht, die Kinder zu schlagen, denn sie wissen, dass sie kein Recht dazu haben. Sie wenden sich also an die Eltern und fordern von ihnen Schadenersatz. Falls diese sich weigern zu zahlen, geht die ganze Angelegenheit vor Gericht. In unserem Innern geschieht genau das Gleiche. Unsere schlechten Gedanken und Gefühle gleichen ungezogenen Kindern, die Schäden verursachen. Die meisten Menschen wissen nicht, dass ihre negativen Gedanken und Gefühle außerhalb von ihnen herumspazieren und Böses bewirken. Die davon betroffenen Opfer sind der ständigen Belästigungen überdrüssig und suchen die Eltern auf, damit diese den Schaden, den ihre Kinder – ihre Gedanken und Gefühle – im psychischen Bereich angerichtet haben, wiedergutmachen. Auch wenn sie ihre Unschuld beteuern, beweist man ihnen, dass sie die Verantwortlichen sind.

Wenn ihr Vater oder Mutter eines Kindes seid, tragt ihr die Verantwortung für sein Tun und dürft es nicht unbeaufsichtigt lassen. Wenn ihr nicht auf sie aufpasst, werfen die Kinder ganz bestimmt Fensterscheiben oder Straßenlaternen ein, verstopfen die Kanalisation oder stecken einen Mülleimer in Brand. Manchmal muss man wirklich über ihre Phantasie staunen – sie erfinden ständig neue Dummheiten. Deshalb ist jeder für die Taten seiner Kinder – das heißt für seine Gedanken und Gefühle – verantwortlich.

Wenn Ratsuchende zu mir kommen und über ihre inneren Schwierigkeiten klagen, antworte ich ihnen oft: »Sie lassen Ihren Kindern zu viel Freiheit; sie machen Unfug, und Sie müssen dafür aufkommen.« – »Aber ich habe doch gar keine Kinder!« – »Doch, Sie haben viele Kinder in Ihrem Inneren...« Ein anderes Mal bat eine Frau mich, ihr zu erklären, warum sie leidet, und ich empfahl ihr, das Verhältnis zu ihrem Mann in Ordnung zu bringen. »Aber ich bin doch gar nicht verheiratet...« »Doch, Sie haben einen Mann. Ich kann Ihnen das Gleiche antworten wie Christus, als eine Frau ihn bat: ‚Herr, gib mir solches Wasser, auf dass mich nicht dürste und ich nicht mehr herkommen müsse zu schöpfen!' Jesus spricht zu ihr: 'Gehe hin, rufe deinen Mann und komm zurück!' Die Frau antwortete und sprach: 'Ich habe keinen Mann.' Jesus erwiderte: 'Du hast recht gesagt: Ich habe keinen Mann. Fünf Männer hast du gehabt, und der, den du nun hast, der ist nicht dein Mann; da hast du recht gesagt.' Auch ich sage Ihnen: Bringen Sie mir Ihren Mann, ich muss ihn sehen und prüfen, ob Sie mit ihm in Harmonie sind...« Wer mit seinem Mann, dem Verstand, oder seiner Frau, dem Herzen, nicht in Harmonie lebt, kann das Wasser, nach dem er verlangt, nicht bekommen. Um dieses Wasser zu bekommen, muss das Paar Herz und Verstand einig sein.

Alle Phänomene des Daseins sind für mich wie ein Buch, das mir die Wahrheiten und Gesetze des Innenlebens offenbart. Die Menschen leiden, weil ihre Gedanken und Gefühle unerzogenen Kindern gleichen. Wenn sie glücklich sein wollen, müssen sie eine harmonische Familie bilden, in der schöne, vernünftige, mit allen guten Eigenschaften und Tugenden gesegnete Kinder ihren Eltern und der ganzen Welt nur Segen bringen.

Jetzt seht ihr, dass Gottes Worte an den ersten Mann und die erste Frau: »Seid fruchtbar und mehret euch« einen viel tieferen Sinn haben. Sie bedeuten: Setzt Kinder mit liebevollem Herzen und lichtem Verstand in die Welt, dann herrscht ihr über die Erde und übersät sie mit einer wunderbaren Generation. Wenn die Eltern ein sehr kluges und fähiges Kind haben, das in Politik, Wissenschaft oder Kunst Karriere macht, bekommt es nach und nach überall Einfluss, und das ist auch für die Eltern eine Möglichkeit, »die Erde zu bevölkern«. Aber versteht mich richtig: Das Ideal sind nicht Familien, die sehr kinderreich sind oder solche, die Banken, Firmen und Filialen usw. leiten, sondern Familien, aus denen Künstler, Philosophen, Forscher, Spiritualisten oder bedeutende Staatsmänner hervorgehen. Ja, auf diese Weise soll man die Erde bevölkern, sich mehren, fruchtbar sein und der Menschheit Genies und Heilige schenken!

Jeder von uns kann die ganze Welt mit lichtvollen Kindern erfüllen und überall Samen aussäen, um die Menschen zu bessern und ihnen Gutes zu tun, wenn er in Liebe und Weisheit lebt. Ja, heute ist der Augenblick gekommen, das Gute wachsen und sich mehren zu lassen, damit das Negative ausgeglichen und neutralisiert wird, denn sonst überwältigen das Böse und die zerstörerischen Mächte die Erde und überwuchern alles wie Unkraut.

Ihr müsst wissen, ob ihr in eurem psychischen Leben ledig, verheiratet, getrennt oder geschieden seid. Wenn ihr euren Mann quält, beweist dies, dass ihr die Beziehung zu eurem »inneren Mann« noch nicht regeln konntet... Wenn ihr euch im äußeren Leben mit einem Familienmitglied nicht vertragt, solltet ihr euch zunächst mit dem entsprechenden inneren Familienmitglied in Harmonie bringen. Eine solche Zwietracht deutet darauf hin, dass in eurem Innern etwas nicht stimmt. Wenn ihr euch mit eurem Mann nicht versteht, bedeutet dies, dass in eurem Verstand etwas nicht richtig funktioniert. Und wenn ihr mit eurer Frau im Streit lebt, stimmt in eurem Herzen etwas nicht.

Ihr dürft euch nicht täuschen: Ihr habt in der Außenwelt genau die Frau oder den Mann gewählt, der eurem Herzen oder eurem Verstand entspricht. Verändert euren Verstand und euer äußerlicher Mann verändert sich auch. Die Menschen klagen ständig über die anderen und vergessen dabei, den Blick nach innen zu werfen, um dort die Ursache ihrer Klagen zu finden. Alle Missverständnisse und Zusammenstöße in Gesellschaft und Familie beruhen auf der Unordnung und Disharmonie, die jeder in seiner inneren Familie duldet.

Bei weiterer Vertiefung dieses Themas würden wir noch viele andere Auswirkungen der Gedanken und Gefühle, die wir täglich um uns herum verbreiten, entdecken; welche Wege sie einschlagen und welche Reisen sie unternehmen, bevor sie wieder zu uns zurückkehren. Diese »Familie« reicht so weit, dass wir bei unserer Rückkehr auf die Erde unseren neuen Körper mit Hilfe der endlos vermehrten Enkelkinder gestalten. Denn unsere Gedanken und Gefühle können wirklich lebendige, handelnde Wesenheiten sein, die einen feinstofflichen Körper und schöpferische Fähigkeiten besitzen und eine tatsächliche, geheimnisvolle Verbindung aufrechterhalten zu dem, der sie erschaffen hat.

Die meisten Menschen wissen nicht, dass Gedanken und Gefühle den physischen Körper ihres Erzeugers überdauern können und ihrerseits zu Arbeitern und Erbauern der neuen irdischen Hülle des Geistes bei seiner nächsten Inkarnation werden. Ja, in Wirklichkeit sind die guten oder schlechten, lichten oder finsteren Gedanken und Gefühle gemeinsam mit dem Geist der Mutter am Aufbau des neuen Körpers beteiligt, wenn der Mensch sich wieder inkarniert. Deshalb solltet ihr darauf achten, nur die schönsten Söhne und Töchter in die Welt zu setzen, das heißt die besten Gedanken und Gefühle. Leider tun die meisten Menschen alles, um die prachtvollen Kinder in sich zu töten und bösartige ins Leben zu rufen.

Mit Hilfe der Liebe und der Weisheit wird die Menschheit den alten Weg verlassen, dem sie schon so lange folgt. Alle Frauen wissen, dass ein schöner, kluger und gesunder Vater notwendig ist, wenn sie ein hervorragendes Kind haben wollen. Manche Frauen haben sogar bedeutende Männer aufgesucht und sie gebeten, Vater ihres Kindes zu werden. Man kann die Frauen beraten, welchen Mann sie als Vater ihres Kindes wählen sollen, aber mich interessiert dieser Punkt hauptsächlich aus spiritueller Sicht: Wie man Kinder von Liebe und Weisheit zur Welt bringt. Zu diesem Zweck muss man sich mit den Tugenden des göttlichen Geistes verbinden, dann gehen diese Kinder wirklich aus dem Geist Gottes hervor.

Wenn ein Eingeweihter die Göttlichkeit schaut, gleicht seine Seele einer Frau, die von Gott selbst einen Funken, einen Samen empfangen will. Er setzt sich dem Licht Gottes aus und weiht sich ihm. Er empfängt den göttlichen Samen in seiner Seele, trägt ihn und bringt ein göttliches Kind zur Welt... Ja, der Mann kann genau wie die Frau ein Kind empfangen, aber in einer überirdischen Welt. Wenn ein Eingeweihter sich mit dem Schöpfer verbindet, ändert er seine Polarität; er wird zur Frau, um das Kind Liebe und das Kind Weisheit zu gebären.

Um die schönsten Kinder in die Welt zu setzen, muss man beten und sich mit dem kosmischen Geist verbinden. Im Christentum stellt die Jungfrau sich in den Dienst Gottes und bereitet sich auf die Hochzeit mit Christus vor, weil sie geistig fruchtbar sein will. Leider zeugen die meisten Menschen ihre inneren Kinder mit anderen Vätern, nicht mit dem kosmischen Geist. Als Jesus den Juden sagte, dass sie nicht die Söhne Abrahams, sondern Söhne des Teufels seien, wollte er damit ausdrücken, dass der innere Vater ein Bewohner der Finsternis sei. In ihrer Unwissenheit bringt fast die gesamte Menschheit Kinder zur Welt, die von einem zwielichtigen, finsteren, dunklen Vater abstammen... Es gibt keine unfruchtbaren Ehen, jeder Mensch setzt Kinder in die Welt, egal ob der Vater der Teufel oder Christus ist.

Meditiert über diese wenigen Worte und setzt sie in die Tat um, indem ihr lernt, euch mehr und mehr mit dem Herrn zu verbinden. Manche werden fragen: »Aber warum soll man Gott lieben? Warum soll man sich mit Ihm verbinden? Kann man nicht auch ohne Ihn leben?« Sicher, man kann ohne Gott leben, aber was für ein Leben wird das sein? Das von Bakterien. Man kann auch Kinder gebären, aber was für welche?...

Die Zukunft der Menschheit hängt von den Kindern ab, das heißt von den Gedanken und Gefühlen, die jeder einzelne Mann und jede einzelne Frau bewusst in die Welt setzen. Beginnt also damit, göttliche Kinder hervorzubringen – edle Gefühle und lichtvolle Gedanken –, indem ihr euer Herz reinigt und euren Verstand erhellt, damit beide perfekte Werkzeuge für Seele und Geist werden. Hier fängt die wahre Arbeit zur Rettung der Menschheit an.

XII

DIE FRAU SOLL IHREN WAHREN PLATZ WIEDER EINNEHMEN

Die meisten Gottsucher, Asketen und Einsiedler der Vergangenheit haben eine unheilvolle Philosophie hinterlassen. Für sie bestand das Ideal darin, sich in Wälder oder Berge zurückzuziehen, um den Versuchungen zu entgehen und vor allem um die Frauen zu meiden, in denen sie ein Geschöpf des Teufels sahen. Aber die Ärmsten wurden bis in ihre Grotten von anderen Frauen verfolgt, in Form von astralen Visionen, denen sie nicht entkommen konnten. Ja, die Versuchungen des heiligen Antonius... Aber auch wenn die Männer nicht so weit gingen, in die Wüste zu flüchten, so haben die meisten von ihnen doch unter dem Einfluss einer fehlgeleiteten christlichen Tradition die Frau jahrhundertelang als unterlegenes, schwaches Geschöpf angesehen, das keinerlei Urteilsvermögen besitzt und außerstande ist, sein eigenes Leben zu gestalten, wenn es nicht durch den Mann auf dem rechten Weg gehalten wird. Gewiss, die

Frauen haben bestimmte Fehler, aber wie sind die Männer auf die Idee gekommen, sie seien ihnen derart überlegen?

Oft haben gerade die Männer den Frauen günstige Umstände verwehrt, in denen sich diese weiterentwickeln und ihre guten Eigenschaften hätten zeigen können. Wieso haben sie nicht erkannt, wie grausam, egoistisch, herrschsüchtig und ungerecht sie gegen die Frauen waren? Sie haben sie ausgebeutet, benutzt und missbraucht, aber davon sprechen sie nicht. Jetzt werden die Frauen den Männern beweisen, dass sie sie in allen Bereichen übertreffen können. Jahrhundertelang haben sie geschwiegen, waren gehorsam, haben sich aufgeopfert, gehorcht und sich gebeugt, aber jetzt haben sie die Möglichkeit, die ganze Welt in Bewegung zu bringen. Beim Studium der Werke berühmter Schriftsteller habe ich festgestellt, dass viele sich in Bezug auf die Frau geirrt haben. Sie hatten die Frau nicht verstanden und sich in ihre eigenen Vorurteile und Phantastereien eingesponnen, was schließlich zu einer falschen Philosophie geführt hat. Manche Menschen glauben, es sei nicht weiter von Bedeutung, wenn das falsch ist, was sie über die Frau denken. Ich sage euch jedoch, dass es äußerst wichtig ist und die ganze Welt und die Zukunft der Menschheit von der Einstellung gegenüber der Frau abhängen; je nachdem wie der Mann über sie denkt, wird alles aufblühen oder untergehen.

Wenn im körperlichen Bereich ein Kind gezeugt werden soll, ist die Frau nicht weniger wichtig wie der Mann. Ohne die Vereinigung von Mann und Frau kann nichts entstehen. Sie sind beide gleich wichtige Faktoren. Warum also sollte der Mann Sonderrechte besitzen und die Frau unterschätzen, wo sie doch genauso wichtig ist wie er? Ohne das weibliche Prinzip wäre die Schöpfung unvollendet, denn in der Natur kann nichts leben oder gedeihen, wenn eines der beiden Prinzipien fehlt. Auch wenn der Mann Gott selbst wäre, könnte er ohne die Frau kein Kind haben. Ebenso wenig kann die Frau ohne den Mann ein Kind zur Welt bringen, ganz gleich wie stark und unabhängig sie ist. Der Mann stellt eine Macht dar, denn er allein trägt den Samen, und trotzdem kann er mit all seiner Macht nichts zeugen oder konkretisieren; er kann kein Kind ins Leben rufen, wenn ihm eines fehlt: die Materie.

Dieser Tatsache begegnet man überall: bei der Arbeit des Bäckers, des Bauern, des Bildhauers, bei der kleinsten Beschäftigung, aber die Menschen sind ja so blind! Beim Essen vollzieht sich der gleiche Vorgang: Ihr steckt die Nahrung in den Mund. Hier ist derjenige, der die Nahrung in den Mund steckt, der Mann; der Mund ist die Frau, und das Leben, das daraus hervorgeht, ist das Kind. Auch beim Atmen ist es das gleiche Phänomen. Überall hat der Schöpfer diese Wahrheiten eingeprägt.

Laut der wahren esoterischen Lehre ist nichts wichtiger als das männliche und das weibliche Prinzip, der Mann und die Frau. An dem Tag, an dem beide begreifen, was sie in Wirklichkeit sind, wird sich das soziale, wirtschaftliche und sogar das kosmische Leben völlig ändern. Ich bin absolut sicher, dass dann das Reich Gottes auf Erden kommen wird. Warum ist dies nicht schon heute möglich? Weil Männer und Frauen nicht wissen, wie sie einander ansehen und schätzen, wie sie sich verhalten, sich kennen und miteinander umgehen sollen. Ja, besonders das Verhalten ist wichtig, denn es hängt von den Gedanken und Auffassungen der Menschen ab.

Wer nicht akzeptieren will, dass die Heilige Dreifaltigkeit aus einem männlichen, einem weiblichen und einem dritten Prinzip – dem Kind – besteht, der wird weder von der Philosophie noch vom Leben irgendetwas begreifen. In allen Religionen heißt es, dass wir nach dem Bilde Gottes geschaffen sind, also sollte man dem weiblichen Prinzip – das Pracht und Vollkommenheit ist – seinen wahren Platz wieder einräumen. Natürlich ist die Frau hier auf Erden ein so schwacher Abglanz der Göttlichen Mutter, der Kosmischen Frau, dass man sich unmöglich eine zutreffende Vorstellung von ihr machen kann. Manch einer hat vielleicht eine gewöhnliche, bösartige, grobe oder hässliche Frau zu ertragen. Aber auch wenn man wie Sokrates an eine Xanthippe geraten ist, ist das

noch lange kein Grund, alle Frauen über den gleichen Kamm zu scheren.

In Wirklichkeit kann nichts schöner, lichter,
poetischer und vollkommener sein als die Frau,
nur muss man lernen, sie richtig zu betrachten.
Ich habe sogenannte Spiritualisten gekannt, die in
ihrer Vorstellung die Frau so hässlich wie möglich machten, sie mit Ausschlag und abstoßenden
Wunden bedeckt sahen und so hofften, allen Versuchungen zu entkommen. Ich habe ihnen gesagt,
dass eine solche Denkweise gefährlich ist und aus
ihnen Schwarzmagier macht, ohne dass sie es mer-
ken. Sie beleidigen die Göttliche Mutter, denn sie
war es, die all die jungen Mädchen und alle Frauen
schuf; sie sind Ihre Kinder. Und wer sich Ihre Kinder als Krüppel oder Missgeburten vorstellt, arbeitet gegen die Schönheit der gesamten Generation.

Jeder sollte dafür arbeiten, dass die Schönheit
sich auf Erden inkarniert; und ich bin vielleicht
der Einzige, der die Eitelkeit der Frauen und ihren
Wunsch, sich schön zu machen, nicht verurteilt.
Die Frau soll die Schönheit lieben, sie bewahren
und an ihre Kinder weitergeben; denn wenn sie
sich genau wie der Mann – den diese Angelegenheit nicht interessiert – gehen lassen würde, wären
die kommenden Generationen sehr, sehr hässlich.
Gerade durch das Bedürfnis der Frau nach Schönheit, bleibt diese auf Erden erhalten. Die Frage ist
nur, was sie mit der Schönheit erreichen wollen.
Ansatt sie zu benutzen, um die Männer zu verfüh-

ren und sich zu sagen: »Ich bin hübsch und attraktiv, das will ich ausnutzen...« und so ihre Eitelkeit zu befriedigen, sollten sie damit beginnen, die Menschheit zu erneuern.

Leider oder Gott sei Dank hat die Natur der Frau viele Fähigkeiten geschenkt, darin besteht kein Zweifel. Aber alles kommt darauf an, wozu sie diese Fähigkeiten verwendet. Nur zu oft vergnügt sie sich damit, ihre Macht über den Mann zu erproben; da der Mann in diesem Bereich viel schwächer ist als die Frau, erreicht sie mühelos ihr Ziel. Wenn sie spürt, dass die Männer ihrem Charme nur schwer widerstehen können, nutzt sie ihre Macht aus und verführt sie, anstatt sie zu inspirieren, ihnen den Weg zu zeigen, sie rechtschaffener und edler zu machen. Sie würde sogar mit Vergnügen Heilige, Propheten und Eingeweihte in ihren Netzen einfangen! Das tut sie nicht in böser Absicht, sondern sie möchte nur wissen, wie weit ihre Macht reicht. Sie ist stolz, wenn sich auf der Straße oder im Theater alle nach ihr umdrehen. Aber die Frauen haben die Schönheit nicht dafür bekommen, die sinnlichen Gelüste der Männer zu befriedigen, sondern um ihnen bei ihrem Aufstieg zu helfen. Wie übrigens auch alle anderen Talente und Begabungen, ist die Schönheit geschaffen worden, um den göttlichen Plänen zu dienen.

Jahrhundertelang hat der Mann seine Autorität über die Frau missbraucht; er war ihr gegenüber egoistisch, ungerecht, gewalttätig und grausam, und nun wacht die Frau natürlich auf. Allerdings erwacht sie nicht zum Licht, sondern um Rache zu üben, was nicht besser ist, auch nicht für sie. Die Frau sollte dem Mann im Gegenteil vergeben. Als Mutter des Mannes, als diejenige, die mehr Liebe hat, die von Natur aus gut, nachsichtig, großzügig und opferbereit ist, sollte sie nicht danach trachten, sich zu rächen. Die Frau sollte jetzt höhere Tugenden in sich erwecken und sich über ihre persönlichen Interessen erheben.

Alle Frauen der Welt sollten sich zusammenschließen, um an ihren Männern und Kindern eine Arbeit des Aufbaus zu beginnen. Im Augenblick sind sie nicht einig, jede ist mit ihren eigenen Angelegenheiten beschäftigt und konzentriert ihre ganze Aufmerksamkeit und Attraktivität darauf, erst einen Ehemann und dann mehrere Liebhaber zu finden. Sie machen eine Diät oder lassen sich behandeln, um eine schlanke Linie zu erhalten. Vielleicht ist ihre Figur auch tatsächlich schöner geworden; ja, sie haben wunderbare Formen, aber was nützen die Formen, wenn nichts darin ist, wenn im Inneren alles leer und tot ist!...

Die Frauen wissen nicht, dass sie an sich selbst arbeiten und in ihrem Inneren alles reinigen und beleben müssen. Ihre Gedanken schweifen ständig vom wahren Ziel ab. Sie gehen in Kosmetiksalons und verwenden Cremes und was weiß ich alles, um ihre Brust zu verschönern. Und für wen tun

sie das alles? Natürlich für ihre Liebhaber! Wenn
sie sich dann mit zahlreichen Männern amüsiert
haben, die auf ihrer Brust Spuren der Sinnlichkeit
und Gier zurückgelassen haben, bekommen sie ein
Kind. Und das Kind nimmt dann mit der Mutter-
milch die ungesunden, schon seit langem einge-
prägten Einflüsse auf. Welche Frau denkt daran,
ihre Brust göttlich vorzubereiten, um ihr Kind im
Augenblick des Stillens zu erziehen? Denn ich
habe euch bereits gesagt, dass das Baby in diesem
Alter im Unterbewusstsein die erste Erziehung
durch den mütterlichen Einfluss erhält.*

Ich könnte euch so vieles erklären! Aber euer
Denken ist durch die öffentliche Meinung derart
verformt, dass ihr mich nicht verstehen und obendrein noch schockiert sein würdet. Damit also
meine so »verwerflichen« Worte eure reinen Herzen nicht schockieren, will ich nichts weiter sagen.
Aber alle zukünftigen Mütter sollten wissen, dass
es keinen günstigen Einfluss auf ihre Kinder hat,
wenn sie den Männern erlauben, unreine feinstoffliche Schichten auf ihnen »abzulegen«.

Die Frau ist die Erzieherin des Mannes. Durch
ihre Gedanken, ihren Blick und ihr Auftreten kann
sie ihn zu den edelsten Taten führen. Der Mann
verlangt nichts anderes, als von der Frau inspiriert
und erhoben zu werden. Aber solange die Frauen
dieses Ideal nicht haben und nur den einen Gedan-

---

* Siehe Kapitel 4 »Lieben ohne Anspruch« aus dem Taschenbuch
Band 203 »Die Erziehung beginnt vor der Geburt«.

ken hegen, sich dem Erstbesten hinzugeben, um ihr Verlangen zu befriedigen und ihren Spaß zu haben, verfehlen sie ihre wahre Berufung. Die Frau hat die Aufgabe, den Mann zu erziehen. Ihr werdet sagen: »Aber sie ist doch viel schwächer und zierlicher als er! Wie sollte sie sich dem Mann widersetzen können?« Es ist nicht nötig, sich ihm zu widersetzen, sie braucht ihn nur zu inspirieren und ihn in die beste Richtung zu führen. Außerdem kann sie ihn ja auch auf andere Weise erziehen: indem sie ihre Söhne erzieht. Und die Söhne werden dann dank ihrer Mutter ihr Leben lang die Frauen achten. Ja, durch den täglichen Einfluss auf ihre noch sehr kleinen Söhne können die Mütter aufrechte, edle und großzügige Persönlichkeiten, ja Heilige und Helden aus ihnen machen!

Ich sage dies aus eigener Erfahrung, denn ich weiß, welchen Einfluss eine Mutter auf ihre Kinder haben kann. Meine Mutter zum Beispiel hat mir unauslöschliche Prägungen mitgegeben. Sie war unermüdlich tätig, stets bereit, den anderen zu helfen, sie zu ermutigen und zu trösten. Sie musste schwere Prüfungen durchmachen, aber nie klagte sie in Gegenwart anderer. Wenn sie einmal weinte, achtete sie immer darauf, dass niemand es merkte. Aber ich habe sie weinen gesehen, ohne dass sie es wusste. Wenn in einem solchen Moment zum Beispiel eine Nachbarin mit ihrem Kummer zu ihr kam, wischte sie sich schnell die Spuren ihrer eigenen Sorgen aus dem Gesicht, hörte geduldig die

Schwierigkeiten der anderen Frau an, die oft viel geringer waren als ihre eigenen und gab ihr mit guten Worten neuen Mut und neues Vertrauen.

Damals war ich sieben oder acht Jahre alt und machte natürlich wie alle Kinder meines Alters Dummheiten. Um mich zur Vernunft zu bringen, tat sie Folgendes: Sie schrie mich nicht an, sie schlug mich nie, aber sie erklärte mir, was geschehen würde, wenn ich richtig oder falsch handeln würde. Sie sagte: »Nun weißt du, was dich erwartet, also wähle!« Am Schluss wiederholte sie immer die Worte: »Krivdina do pladnina, pravdina do veknina«, was bedeutet: Alles Krumme dauert bis morgen Mittag, alles Gerade dauert in alle Ewigkeit.

Nach außen hin wollte ich natürlich nicht nachgeben, denn ich war doch ein bisschen stolz, aber innerlich hat mich das sehr beeindruckt. Ich werde nie vergessen, wie sie mit mir sprach und mich ohne Zorn lediglich über die Folgen meines Verhaltens aufklärte: »Wenn du dies oder jenes tust, kommt dies oder jenes dabei heraus. Wähle selbst...« und abschließend immer der Satz: »Krivdina do pladnina, pravdina do veknina«. Ja, Unehrlichkeit, Betrug und Lügen währen nicht lange, alles Gerechte und Edle bleibt jedoch in Ewigkeit bestehen. Später habe ich natürlich selbst erfahren, wie treffend ihre Worte waren, und alles, was ich euch heute sage, beruht auf der Gewissheit, dass nur das Gute und die Schönheit ewig sind. Die

Mütter sollten ihre Kinder also lehren, dass das Arbeiten für das Gute und die Schönheit bedeutet, für die Ewigkeit zu arbeiten.

XIII

DAS REICH GOTTES,
KIND DER KOSMISCHEN FRAU

Alle Frauen wünschen sich nur eines: Kinder zu haben, wenn nicht auf physischer Ebene, dann wenigstens auf spiritueller Ebene. Jede Frau hat dieses innere Verlangen, denn es liegt in ihrer Natur, körperlich oder geistig vom Mann befruchtet zu werden, um Kinder in die Welt zu setzen. Ihr fragt: »Kann ein Mann eine Frau denn geistig befruchten?« Ja, das ist möglich, aber für die große Mehrheit ist es unerreichbar, weil sie noch nicht zur wahren Spiritualität vorgedrungen sind. Nur die wahren Eingeweihten sind dazu imstande. Ihr fragt: »Und ist nachher tatsächlich ein Kind da?« Gewiss, und dieses Kind wird seine Mutter immer unterstützen, führen, erleuchten, belehren und schützen. Im Allgemeinen glaubt man, dass die Mutter das Kind beschützt. Das stimmt auf der physischen Ebene, aber auf der geistigen Ebene schützt das Kind seine Mutter. Ein wahrer Meister kann alle Frauen auf der Erde befruchten, auch wenn er sie gar nicht sieht oder kennt. Bedingung ist, dass die Frauen eine einzige Idee – seine Idee – akzeptieren, denn die Idee ist der Same. Nun werdet ihr fragen, wie ein einziger Same alle Frauen befruchten kann. Auf physischer Ebene ist dies unmöglich, auf der geistigen Ebene aber schon. Ein Eingeweihter gibt die Idee des Reiches Gottes und des Goldenen Zeitalters vor... und alle Frauen auf Erden, die diese Idee annehmen, sind befruchtet.

Vor längerer Zeit besuchte mich ein Herr, der als großer Spiritualist galt. Im Laufe der Unterhaltung erzählte ich ihm, dass die Frauen der Menschheit das Heil bringen werden, weil sie den Schlüssel zur Verwirklichung besitzen. Da war er sehr erstaunt und sogar empört. Seiner Meinung nach besaß der Mann alle Handlungsmöglichkeiten in der Welt. Ich fragte ihn: »Und warum hat gerade die Frau die Aufgabe, die Kinder zur Welt zu bringen? Natürlich, der Mann gibt den Samen, aber wenn er wachsen und aus ihm ein vollkommen entwickeltes Kind werden soll, ist die Frau notwendig. Für die geistige Ebene gilt genau das Gleiche. Wer das Reich Gottes auf Erden verwirklichen will, muss sich an die Frauen wenden. Wenn jemand imstande ist, ihnen den Samen zu geben und sie mit einem Gedanken auf göttliche und ideale Weise zu befruchten – so wie die Sonne die Erde befruchtet –, dann werden die Frauen das Reich Gottes herbeiführen.«

Gott hat dem Mann und der Frau große Fähigkeiten gegeben, aber diese Fähigkeiten sind unterschiedlich. Was die Frau kann, kann der Mann nicht, und was der Mann kann, kann die Frau nicht. Die Frau stellt die Materie zur Verfügung und der Mann den Geist, das heißt das Leben. Im physischen Bereich ist dies allgemein bekannt, aber im göttlichen Bereich geht man an diesen großen Geheimnissen achtlos vorbei. Die Frauen sollten sich von nun an zusammenschließen, um gemeinsam eine kollektive Frau zu bilden, die das neue Leben in der Menschheit zur Welt bringt. Ohne diese Materie kann der göttliche Geist sich nicht verkörpern. In spiritistischen Sitzungen, bei denen das Medium den Geistern, die sich manifestieren wollen, einen Teil seiner eigenen Materie, seiner eigenen Emanationen zur Verfügung stellen muss, ist dieses Phänomen bekannt. Die Geister umhüllen sich mit dieser Materie, um sichtbar und greifbar zu werden; erst dann können sie im Grobstofflichen machtvoll wirken und Gegenstände verrücken oder sie sogar zerstören.

Es liegt in der Natur der Frau, sehr feine Teilchen, eine ungreifbare Materie auszuströmen. Diese Materie kann die Form annehmen, die ihr ein hoher Geist gibt. Da alle Frauen der ganzen Menschheit eine kollektive Einheit darstellen, gibt es auch hier auf Erden, genauso wie im Himmel, nur eine einzige Frau. Wenn diese kollektive Frau sich entscheidet, einen Teil der feinstofflichen

Materie, die von ihr ausgeht, der Formung eines
Kindes zu widmen, das sie von einem vollendeten
Wesen empfangen wird, dann heißt das, dass dieses Kind das Reich Gottes ist. Ich meine hier nicht
die physische, sondern die psychische Ebene, auf
der alle Frauen sich vereinigen sollten, um Mutter dieses Kindes zu werden – die Mutter, von der
erhabenen Idee eines Mannes befruchtet. Was ich
euch hier offenbare, ist sehr subtil, sehr rein, göttlich. Diese kollektive Frau wird ein Kind gebären,
und dieses Kind wird das Reich Gottes sein.

Vielleicht glaubt ihr mir nicht, aber das ist
die Wahrheit, die reine Wahrheit. Deshalb sagte
ich, dass viele, die sich über die Frauen äußern,
unwissend sind – besonders wenn man die Tiefe,
Erhabenheit und Großartigkeit dessen, was ich
euch eben offenbarte, mit den Hirngespinsten und
Dummheiten vergleicht, die seit Jahrhunderten
wegen irgendeines persönlichen Grolls über die
Frau verbreitet werden. Wie viele Spiritualisten
haben die Frau verachtet, ohne zu wissen, dass sie
gerade wegen dieser Verachtung das Reich Gottes
nicht verwirklichen konnten! Das Reich Gottes
kann nur von den Frauen verwirklicht werden,
denn sie müssen die Materie liefern, durch die es
Form annehmen kann. Die Frauen bringen alle
notwendigen Elemente. Die einzige Philosophie,
die eines Tages allem widerstehen und ewig gültig
sein wird, ist die Philosophie, die ich euch bringe;
sie ist übrigens nicht meine eigene, sondern die

vieler anderer Wesen vor mir.

Salomon, dem berühmten Weisen und König des Alten Testaments, war diese Macht der Frauen bekannt. Die Bibel berichtet, dass er 700 Frauen und 300 Konkubinen hatte und im Allgemeinen weiß man nicht, was er mit all diesen Frauen anfing. Man glaubt, dass sie zu seinem Vergnügen da waren und er sich mit ihnen den schlimmsten Ausschweifungen hingab. In Wirklichkeit war Salomon ein hoher Weiser, ein Magier, dem die Geister der unsichtbaren Welt gehorchten. Wie hätte er diese Kräfte besitzen können, wenn er lasterhaft gelebt hätte? In Wirklichkeit hatte er zu diesen Frauen ein ganz anderes Verhältnis. Ihr könnt euch noch nicht vorstellen, welche Rolle die Frau bei einem aufgeklärten, erleuchteten Mann spielen kann, der eine wirklich göttliche Magie ausübt. Es ist richtig, dass Salomon am Ende den wachgerufenen Kräften unterlag, weil er ihnen nicht standhalten und sie nicht beherrschen konnte. Aber auf dem Höhepunkt seiner Herrschaft besaß er eine solche materielle und spirituelle Macht, dass er den berühmten Tempel in Jerusalem erbauen ließ, Urteile von erstaunlicher Weisheit fällte und sein Name in der ganzen Welt gerühmt wurde.

Salomons Herrschaft hatte natürlich noch nicht die geistige Pracht, für die die höchsten Eingeweihten arbeiten. Die Eingeweihten ordnen ihn nicht der höchsten Stufe zu, weil er zu sehr auf seine eigenen Interessen, seinen eigenen Ruhm und

Namen bedacht war. Seine Magie war noch keine
Theurgie. Zwischen Magie und Magie besteht
ein Unterschied. Nur sehr wenige Magier haben
jenen höheren Grad erreicht, wo sie kein Interesse
mehr an der Magie selbst haben und nicht mehr
zur Befriedigung des eigenen Ehrgeizes über Geister und Elementarwesen befehlen wollen. Die
wahren Magier, die höchsten, die es gab, küm-
merten sich darum nicht mehr, sondern wirkten
einzig und allein für das Reich Gottes. Sie setzten
all ihre Kräfte, Energien und Kenntnisse ein, um
das Reich Gottes zu verwirklichen. Sie waren
Theurgen, das heißt Wesen, die die höchste, die
göttliche Magie ausübten. Ihre Arbeit war völlig
selbstlos. Um diesen hohen Entwicklungsgrad zu
erreichen, mussten sie natürlich außergewöhnlich
selbstlos und rein sein. Sie suchten weder Ruhm
noch Vergnügen, sondern wollten nur die Erde
verändern, damit Gott unter den Menschen wohne.

Salomon war nicht bis zu dieser Stufe gelangt,
aber er besaß umfangreiche Kenntnisse. Unter
anderem wusste er, dass die Frauen die Urmaterie liefern können, aus der das göttliche Prinzip
die Formen erschafft. Das göttliche Prinzip liefert
den Samen, die Funken, das Feuer, die Kraft, aber
diese Essenzen sind so feinstofflich, dass sie sich
im Unendlichen verlieren, wenn sie nicht festge-
halten werden. Feste, beständige, reale und greifbare Formen können auf der physischen Ebene nur
unter Beteiligung des weiblichen Prinzips zustande

kommen. Deshalb können die Pläne, Ideen und göttlichen Ziele des Theurgen nur durch die Urmaterie verwirklicht werden, die die Frau mit ihrem Fluidum verströmt. Der Theurg verwendet alle von den Frauen unbewusst in den Raum ausgesandten Emanationen und verwirklicht dank ihnen seine himmlischen Pläne für das Reich Gottes. Ohne die Frauen kann das Reich Gottes also nicht verwirklicht werden!

Salomon praktizierte seine Magie dank der Materie, die die zahlreichen Frauen in seiner Umgebung verströmten. Natürlich hatte er dabei Erfolg, aber dies war noch keine göttliche Magie, denn die göttliche Magie beruht auf der Weisheit. Theurgie und Weisheit sind ein und dasselbe, aber nur sehr wenige Menschen in der Geschichte sind bis zu dieser Stufe gelangt. Die meisten haben diese heiligen Kenntnisse für Sexualmagie missbraucht, um zu Geld, Ruhm und Vergnügen zu kommen. Doch alle Praktiken, die der Befriedigung der niederen Natur im Menschen dienen, sind schwarze Magie. Viele berühmte Okkultisten sind auf dieser Stufe stehen geblieben, wie zum Beispiel A. Crowley und B. Randolph, der Autor von »Magia sexualis«, gegen dessen Einfluss H. Blavatsky kämpfte. Die göttliche Magie besteht in dem Wissen, alles, absolut alles für das Reich Gottes zu verwenden: Wasser, Erde, Luft, Pflanzen, Flüsse, Felsen – auch alles, was Männer und Frauen verströmen, jene unbeschreiblichen Energien, die den Raum durchströmen, ohne dass jemand sie anzuwenden weiß. Und wenn manche sie doch benutzen, ist es wie bei Salomon für persönliche Zwecke. Und da persönliche, eigennützige Beweggründe – wie ich euch schon oft sagte – die Kräfte der Hölle anrühren, wurde Salomon von gewissen höllischen Wesenheiten aufgesucht, die sich von ihm nährten. Er konnte sie noch so oft verjagen, sie kamen wieder, so dass er ihnen schließlich nicht mehr standhalten konnte und unterlag.

Nun, lassen wir Salomon und kommen wieder auf das Wesentliche zurück. Das Wesentliche ist, dass die Frauen Folgendes verstehen: Wenn sie bereit wären, die von ihnen verströmte feinstoffliche Materie sowie ihr ganzes Wesen und Dasein dem göttlichen Prinzip im Himmel zu widmen, dann würden Engel, Erzengel und die höchsten Lichtwesen diese wirklich einzigartige, wertvolle Materie benutzen, um die Formen des neuen Lebens zu gestalten. Die Frauen sollten sich entschließen, der Göttlichkeit zu dienen, statt immer nur den Menschen. Das ist das Ideal, das ich ihnen anbiete. Ich weiß nicht, wie viele es in die Tat umsetzen können, aber es ist meine Aufgabe, sie dazu aufzufordern.

Die Frau besitzt unermessliche Kräfte, denn sie verfügt über einen besonderen Magnetismus, der in Form von hauchfeinen, subtilen Teilchen von ihr ausgeht. Folglich hat sie die größte Macht nicht im körperlichen Bereich, sondern im Bereich der Emanationen. Wenn man die Frau als Zauberin oder Fee dargestellt hat, so geschah das aufgrund dieser Emanationen, die sie von der Natur bekam. Mit ihnen kann sie sogar ätherische Körper bilden. Wenn ein großer Meister, ein Retter der Welt ihnen daher den Samen, die Idee gibt, können die Frauen dank ihrer Emanationen den Körper dieses Kindes aufbauen: das Reich Gottes auf Erden. Man hält dies nicht für möglich, aber dennoch besitzt die Frau Teilchen, mit denen sie andere Körper bilden kann als den Leib des Kindes unter ihrem Herzen. Man sieht nur deshalb noch nichts davon, weil die Frauen etwas anderes im Kopf haben und ihr Ideal noch zu begrenzt ist.

Wenn die Frauen sich eines Tages entschließen, sich dem Himmel zu weihen, damit diese wunderbare Materie, die sie besitzen, für ein göttliches Ziel verwendet werden kann, werden auf der ganzen Erde verteilt Stätten des Lichts aufleuchten; die ganze Welt wird die Sprache der neuen Kultur, des neuen Lebens sprechen, die Sprache der göttlichen Liebe. Worauf warten sie noch, um sich zu entschließen? Sie fühlen sich immer zu Beschäftigungen berufen, die niedrig und gewöhnlich sind. Schon in der Kindheit bereiten sie sich darauf vor, irgendwo unter die Haube zu kommen und eine ganze Kinderschar aufzuziehen. Sie planen eine durchschnittliche Zukunft und nachher klagen sie: »Was ist das nur für ein Leben!« Aber das ist ihre eigene Schuld. Warum hatten sie kein höheres Ideal? Ihr Schicksal wäre anders verlaufen.

Von nun an sollten alle Frauen auf Erden, egal ob sie verheiratet sind oder nicht, ob sie Kinder haben oder nicht, sich ihrer Möglichkeiten bewusst werden und sich entschließen, mit ihrem ganzen Wesen durch ihre feinstofflichen Emanationen an der Bildung des neuen Kollektivkörpers, dem Reich Gottes auf Erden, teilzunehmen. Sie sollten versuchen, die Dinge anders zu sehen; dann werden sie erkennen, dass ihre Lage sich durch ihr erweitertes Bewusstsein gebessert hat.

Wenn die Frauen mit dieser Arbeit beginnen, werden sie wahre Schönheit erlangen. Im Allgemeinen sieht eine Frau nur selten wirklich schöner aus, wenn sie ein Kind erwartet. Ihre Gesichtszüge sind meist angespannt, weil das Kind ihr Energie nimmt. Wenn die Frauen jedoch mit der Idee des Goldenen Zeitalters befruchtet sind, werden sie schön und strahlend, denn dieses spirituelle Kind bringt ihnen seine Jugend und seine Schönheit. Es liegt also im Interesse aller Frauen, die Idee der Verwirklichung des Reiches Gottes in sich zu nähren, denn diese Idee wird sie beleben und schöner machen.

Ich offenbare euch heute eines der größten Geheimnisse der Einweihungswissenschaft. All jene, die die Frau verachteten und die Bedeutung ihrer Aufgabe nicht verstanden, all jene, die nicht mit ihr zusammen gearbeitet haben, konnten nichts verwirklichen. Denn nur dank der Frau haben die erhabensten Ideen die Möglichkeit, sich auf Erden zu inkarnieren.

Vom selben Autor
Taschenbuchreiche Izvor

Vom selben Autor
Reihe Gesamtwerke

Vom selben Autor
Reihe Broschüren

Unterschied zwischen den Buchreihen

Reihe Gesamtwerke

Diese Bücher enthalten in jedem Kapitel einen Vortrag von Omraam Mikhael Aivanhov (außer Band 13 und 23/24).

Reihe Izvor

Jedes Kapitel enthält Auszüge aus den Vorträgen Omraam Mikhael Aivanhovs. Die Texte der Reihe Izvor sind stellenweise in den Büchern der Reihe Gesamtwerke enthalten.

Reihe Broschüren

Themenbezogene Auszüge aus den Büchern der Reihen Gesamtwerke und Izvor.

Verlage und Auslieferungen

Editions PROSVETA S.A. - B.P. 12 - 83601 Fréjus Cedex (France)

Tel. 04 94 19 33 33 - Fax 04 94 19 33 34, e-mail: International@prosveta.com
www.prosveta.com

Auslieferungen international:

AUSTRALIEN UND ASIEN
Suryoma, LTD-P.O. Box 2218
Bowral - N.S.W. 2576 - Australia

BELGIEN UND LUXEMBURG
Prosveta Benelux
Liersesteenweg 154, B-2547 Lint

N.V. Maklu Somersstraat 13-15
B-2000 Antwerpen

Vander S.A.
Av. des Volontaires 321
B-1150 Bruxelles

BULGARIEN
Svetogled
Bd. Saborny 16 A, appt. 11
9000 Varna

DEUTSCHLAND
Prosveta Verlag GmbH
Postfach 16 52, D 78616 Rottweil
Heerstr. 55, D 78628 Rottweil
Tel. +49 741-46551, Fax -46552
E-Mail: prosveta7@aol.com
Internet: www.prosveta.de

ENGLAND UND IRLAND
Prosveta, The Doves Nest
Duddleswell Uckfield
East Sussex TN 22 3JJ

GRIECHENLAND
Raomron - D. Ragoussis
3, rue A. Papamdreou
C.P. 16675
Glifada - Athenes

HAITI
Prosveta - Dépôt
B.P.115
Jacmel, Haiti (W.I.)

IRLAND
siehe England

ISRAEL
Zohar P.B.1046
Netanya 42110

ITALIEN
Prosveta Coop.
Casella Postale 55
06068 Tavernelle (PG)

KANADA UND USA
Prosveta Inc., 3950, Albert Mines
North Hatley (Quebec), J0B 2C0

KOLUMBIEN
Prosveta
Calle 149 No 24 B-20
Bogotá

LIBANON
PROSVETA LIBAN - P.O. Box 90-995
Jdeitet-el-Metn, Beyrouth

LUXEMBURG
siehe Belgien

NIEDERLANDE
Stichting Prosveta
Zeestraat 50, 2042 LC Zandvoort

NORWEGEN
Prosveta Norden
Postboks 5101, 1503 Moss

ÖSTERREICH
Harmoniequell VERSAND
Hof 37/4, A 5302 Henndorf
Tel. und Fax +43 6214 7413
E-Mail: info@prosveta.at

PORTUGAL UND BRASILIEN
EDICOES PROSVETA
Rua Passos Manuel
n° 20-3e E, P-1150 Lisboa
PUBLICACOES EUROPA-AMERICA
EST LISBOA-SINTRA KM 14
2726 MEM MARTINS CODEX

RUMÄNIEN
ANTAR
Str. N. Constantinescu 10
Bloc 16A -sc A - Apt. 9
Sector 1, 71253 Bukarest

RUSSLAND
EDITIONS Prosveta
143964 Moskovskaya oblast
g. Reutov – 4, a/ R 4
Tel. (7095) 795 70 74

SCHWEIZ
ÉDITIONS Prosveta
Société coopérative
Chemin de la Céramone 13
CH - 1808 Les Monts-de-Corsier
Tel. +41 21 921 92 18
Fax +41 21 922 92 04
E-Mail: prosveta@prosveta.ch
Internet: www.prosveta.ch

SPANIEN
Asociación Prosveta Española
C/ Ausias March n° 23 Ático
SP-08010 Barcelona

TSCHECHISCHE REPUBLIK
Prosveta tcheque
Ant. Sovy 18
Ceske Budejovice 370 05

USA
PROSVETA US Dist.
26450 Ruether Ave #205
91350 Santa Clarita California
tel 661-251-5412 – fax 661-252-1751
www.prosveta-usa.com

VENEZUELA
PROSVETA VENEZUELA C. A.
Urbanizacion Las Mercedes
Calle Madrid
Quinta Monteserinos
Caracas

ZYPERN
The Solar Civilisation Bookshop
Bookbinding
73 D Kallipoleos Avenue - Lykavitos
P. O. Box 24947

Weitere und aktualisierte Adressen finden Sie unter:
www.prosveta.com

Wenn Sie sich über die Anwendung der Lehre von
Omraam Mikhael Aivanhov informieren möchten,
wenden Sie sich bitte an eine der folgenden Adressen:

Deutschland
UWB e.V., Marienstr. 33, 78588 Denkingen
Internet: www.uwb-ev.de, E-Mail: uwb@uwb-ev.de

Schweiz
FBU, Chemin de la Céramone, 1808 Les-Monts-de-Corsier
Telefon 021-921 93 90, Telefax 021-923 51 27

Österreich
UWB, Postfach 335, 5016 Salzburg
Internet: www.aivanhov.de, E-Mail: uwb@omraam.org